はじめに

“健康”であるために、食事は大事！　頭でわかっていても実践するのは難しいもの。「何をどう食べればいいの？」「レシピがわからない」「コストはかけられない」など日々の食事における「お悩み」を解決するヒントになる社員食堂を見つけました。それが、本書でご紹介する、大日本印刷（DNP）の社員食堂です。

印刷というと紙の印刷物を想像しがちですが、DNPは、それだけではなく社会のインフラを支える技術を開発し、わたしたちの暮らしや未来をつくっています。創業140年を超える老舗、かつ最先端の企業です。

東京・市谷にある本社の食堂の一つを運営しているのは、DNPのグループ会社であるDNPファシリティサービス。栄養士と調理師の連携によって、社員の元気をサポートしています。同社が運営・管理する社員食堂は全国に32店舗ありますが、そのなかでも市谷の社員食堂にはランチのため、連日1600人を超える社員が訪れます。ガッツリ食べたい人もいれば、サッとすませたい人、カロリーを抑えたヘルシー食を好む人など、幅広い世代の多様な要望に応えるために豊富なメニューが用意されています。本書では、そんなメニューのなかから、人気のヘルシーメニューのレシピを厳選してご紹介いたします。

社員食堂では初となる女子栄養大学とコラボしたヘルシーな日替わり定食をはじめ、「集中力を高める」「疲労回復に効く」など栄養士がコンセプトを立てて考案したオリジナル定食や、野菜不足を解消する小鉢を中心に、東日本大震災の復興支援を「食」を通して行う「東北応援メニュー」、夜遅く帰ってきた人のための簡単に作れる健康メニューも登場します。「おいしいね」と楽しく食事をしながら、体にいいものをバランスよく摂れるレシピをたっぷりと詰め込んだ1冊になっています。

食材の組み合わせ、野菜不足を補う工夫、塩分や油を控えめにする味つけなど気になるものを見つけたら、ぜひ1品作ってみていただけるとうれしいです。

編集部

この本の使い方

- 材料の分量は、野菜は皮をむく、種を除くなどの下ごしらえをしたあとの重量を記載しています。
- 小さじ1＝5cc、大さじ1＝15ccです。
- 電子レンジの加熱時間は600Wを目安にしています。機種や気候などによって多少の差があります。
- オーブンは設定温度にあらかじめ温めておきます。加熱時間は機種などによって多少異なりますので、レシピの時間を目安に様子を見ながら加減してください。
- ご飯は、第1章では記載のないものはすべて葉酸米入りの胚芽米（160ｇ／1膳）になります。
- 生野菜を電子レンジで加熱する場合は耐熱皿を使用し、水を軽くふりかけて、ふんわりラップをして焦げないよう注意し、加熱してください。
- 各ページに記載のカロリー、食塩相当量、野菜は1人分です。

社員向け食堂のため、一般開放はされておりません。
皆様の毎日の献立の一助としていただきたく、レシピを公開していただきました。

大日本印刷（DNP）ってどんな会社なの？

DNPは、1876年創業の秀英舎と1907年創業の日清印刷が1935年に合併して誕生。活版印刷から事業をスタートし、現在は、幅広い事業分野で多様な製品やサービスを提供している世界最大規模の総合印刷会社です。「人々の暮らしや社会の発展に貢献しよう」という志のもと、強みとしてきた印刷技術を時代とともに応用・発展させて、包装や建材、ディスプレイ製品などへと事業領域を拡大してきました。今では環境やエネルギー、ライフサイエンスなどの分野にも事業を拡げ、社会課題を解決するとともに、人の期待に応える価値をつくり出しています。

“未来のあたりまえ”をつくり続けるDNP――その製品・サービスは今の暮らしにも

国内外シェアNo.1の製品も数多く開発してきています。わたしたちの身近にあるDNPの製品・サービスの一部をご紹介しましょう。

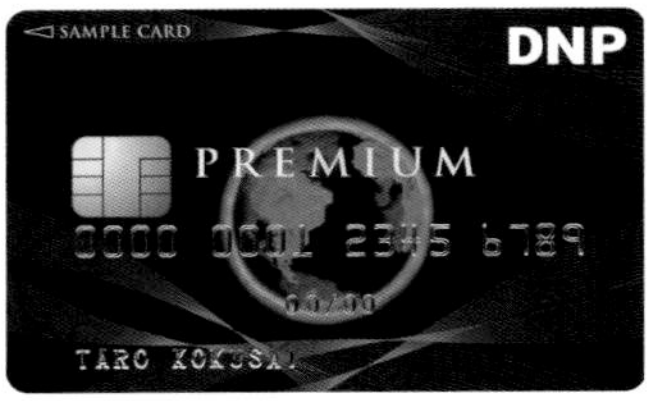

クレジットカードなどの非接触ICカード

液晶や有機ELディスプレイの表面フィルム。タッチパネル用も開発

多くのモバイル機器に使われているリチウムイオン電池を包むバッテリーパウチ

どんな仕事をしているの？

DNPグループには、「営業・企画」「研究開発」「製造」の部門があり、「営業・企画」は、提案型・コンサルティング型が強みです。「研究開発」の部門では、変化の激しい社会で的確な課題解決を実現するために事業創造型の取り組みを推進しています。「製造」部門は、国内外に最適な生産拠点とネットワークをもち、効率的で高品質な製品を生み出す生産ラインで迅速かつ安定的に製品を供給しています。

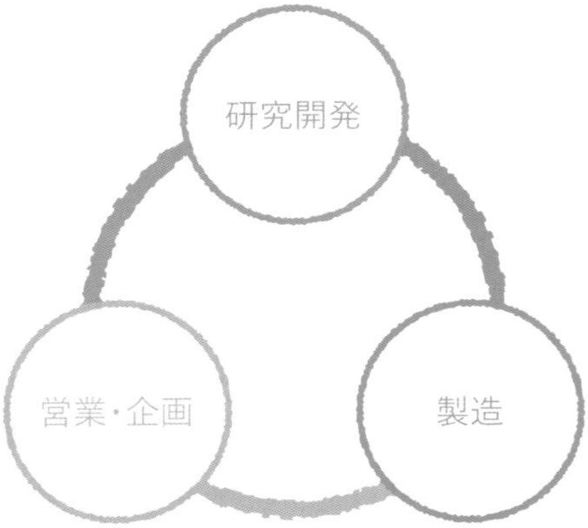

“食”を大事にするのはなぜ?

社員一人ひとりが毎日生き生きと働くためには、「食べる」ことが非常に大切です。1日3食のうちランチ1食を見直すことは、生活習慣病やメタボなどの予防・改善につながります。心身が健康であれば、仕事の効率が上がり、日常生活も充実してきます。そんな社員の健康を食で支えているのが、DNPグループのDNPファシリティサービス。全国32店舗の社員食堂の運営・管理を担っています。栄養バランスやカロリーに気を配る一方、おいしいと感じる味つけ、食べたくなる彩りのよい盛りつけにも配慮し、「おいしくてヘルシー」なメニューの提供を実践しています。

「Health Upチャレンジ」にもランチを活用!

DNPグループでは自分の生活習慣を見直して疾病を予防する活動「Health Upチャレンジ」を実施しています。全11コースのなかには、食事の栄養バランスを簡単にチェックできるコースもあり、多くの社員が参加。1ヵ月に及ぶ挑戦で、体重や体型、体調によい効果が出る人も多く、食に関心をもつきっかけにもなっています。

社員の声

単品の小鉢も
充実していて
アレンジがききます

その日の気分に
よって選べるのが
うれしい

目の前で調理して
くれるので温かい
状態でいただけます

メニューが日替わり
なので飽きがこない

会社にいるときは、
毎日食べに来て
います

カレーやパスタにも
日替わりメニューが
あるんです

お客さまを
お連れしても
喜ばれます

DNP・市谷の社員食堂のこだわり

全国のDNPグループの事業所には、32の社員食堂があります。なかでももっとも利用者が多く、規模も大きいのが、2012年1月にオープンした市谷の社員食堂です。毎日約1600人が「おいしく・ヘルシーに・楽しく」利用するその食堂には、さまざまな工夫がみられます。

白を基調とした、明るく開放的なオープンキッチン。

食堂のコンセプトは「LOVE」

“健康は愛情から”が合言葉。愛情を込めた料理で、社員のモチベーションと健康保持・増進を図っています。

L	O	V	E
Life style Low-calorie	Originality Organic	Variety Vegetable	Energy Excellent
ライフスタイルに合わせたメニューづくりを。低カロリー・栄養バランス重視のヘルシーメニューを提供しています。	食事で摂れる栄養素とその効能を明示し、不足しがちな栄養素を補えるメニューを考案。有機食材も採用しています。	バラエティーに富んだメニュー。1日の野菜摂取量の目安350gの3分の1以上を摂れるよう、小鉢なども積極的に提供。	活力増進につながるメニューを提供し、健康づくりをサポート。旬の食材も厳選し、採り入れています。

入り口すぐのサンプル台には、当日のメニューがズラリと並ぶ。多くの社員が一度に見られるように、ラウンド型に設計されている。

1 10種類以上の日替わりメニューがあります

社員が飽きないよう、メインメニューは、日替わりで10種類以上。そのうち、定食メニューは4種類あり、ほかに丼、カレー、麺類（和・中華）、パスタも。小鉢やスイーツ、パンなども充実しており、選択肢は豊富です。

② アイランド型オープンキッチンだから好きなメニューを自由に選べます

楕円形の大小2つのアイランド型オープンキッチンを設けることで、混雑を緩和し、調理を見て楽しむこともできます。主菜を中心に提供する「大アイランド」と、主食・汁物などが中心の「小アイランド」を自由に行き来できるため、メニューの選択、組み合わせの自由度も上がります。

調理スタッフが目の前で調理し、出来立てを盛りつけてくれる。

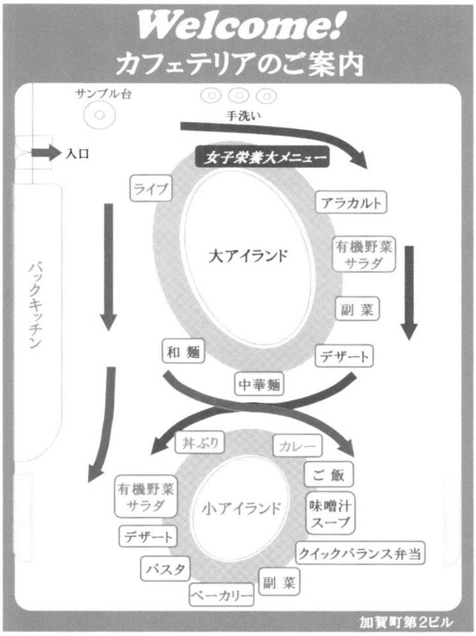

食事の提供ラインを一方向にしないことで、混雑が緩和され、メニューも自由に取りやすくなる。

③ できるだけ出来立てに近い"アツアツ"を提供します

目の前で肉を焼いたり、揚げたりしてくれる臨場感も楽しいライブメニュー。鮮魚の日もある。

「出来立てがいちばんおいしいので、調理の最後の仕上げを提供ラインで行い、出来立てを提供するよう心がけています」と、店長。なかでも「ライブメニュー」には力を入れています。急いでいる人のために考案された1日限定100食の「クイックバランス弁当」も温かく食べられるので人気。

おかずは15品以上の食材を使い、彩りもきれいなクイックバランス弁当。

ダイニングの様子。落ち着いた雰囲気の中で食事ができる。

一人でも気にせず過ごせる雰囲気づくりも。

4 用途や気分に合わせて好きな席で食事ができます

席数は全部で600席。ダイニングのような多人数向けのテーブル席もあれば、ゆったり座れるソファタイプ、一人で食事がしやすいカウンター席など、エリアごとに席の配置や全体の雰囲気を変えています。その日の気分や用途に合わせて席を選ぶことができ、また、部署を越えたコミュニケーションの場にもなっています。

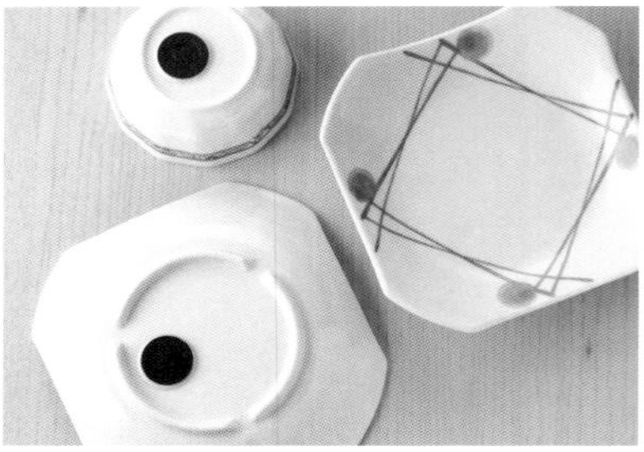

精算時には、食器の裏に付いたICチップが活躍。これもDNPの技術。1回あたりの平均予算は、400〜600円とかなりリーズナブル。

5 会計はキャッシュレス精算。カロリーや塩分量も表示されます

食器の裏にはICチップが貼付されており、読み取り台の上にトレーを置けば、料金が自動計算されます。あわせて、摂取カロリーや塩分量も表示されるので、社員は自然と健康を意識することに。支払いは、ICカード型の社員証をタッチすると給与控除にできるほか、プリペイドカードを利用することもできます。

第1章

カフェテリアランチ

女子栄養大学とコラボレーションした
日替わりのヘルシーメニューです。
低カロリー＆減塩なのに満腹感を得られる
理想的な定食は社員食堂でも人気です。

「女子栄養大学カフェテリアランチ」とは……？

DNPの社員食堂では、基本となるレシピ提供を女子栄養大学にお願いし、2012年にヘルシーメニューを一新しました。それが、「女子栄養大学カフェテリアランチ」です。女子栄養大学は、「食により人間の健康の維持・改善を図る」ことを建学の理念とし、行政、企業、教育機関等とさまざまな取り組みを行っている大学です。教育の一環として学生食堂（カフェテリア）を独自に運営しており、「四群点数法」に基づくメニューを提供しています。社員食堂ではその女子学生向けのレシピを、男性社員も満足できるよう、栄養バランスの基本路線を崩さずに、野菜を中心に全体の量を増やすなどアレンジし、提供しています。ここで、男女を問わず多くの社員が満足するヘルシーメニューの献立の基本を紹介しましょう。

＊「四群点数法」とは、食品を栄養的な特徴によって４つのグループに分け、栄養バランスのよい食事を摂る食事法。

主菜

肉や魚などを使った主菜。基本的には、肉と魚を1日交代で提供しています。たっぷりの野菜と組み合わせることで食べ応えがあり、食物繊維もしっかり摂れるよう工夫しています。

副菜

煮もの、炒めもの、和えもの、サラダなどの小鉢で、野菜70g以上を目安に。メインが揚げものなら、副菜には和えものなど、味つけや調理法が重ならないように配慮しています。

ご飯

女子栄養大学とハウスウェルネスフーズ㈱が共同開発した葉酸米を、胚芽米にプラスして提供。貧血や動脈硬化などの予防に効果的。1膳は160g（260kcal）、丼メニューは1膳180g（300kcal）。

汁物

薄味ではもの足りなさを感じるので、汁の量を150mlと少なくすることで、塩分量を抑えています。その代わり、1杯分の具を30～40gとたくさん使用し、満足感を出しています。

社員食堂における献立の基本ルール

ご飯、主菜、副菜、汁物の「一汁二菜」が基本です。
栄養バランスが整いやすく、食べ応えのある献立になります。

1　一汁二菜で、1人分650kcal前後

2　食塩相当量は3.9g以下に抑える

3　野菜は120g以上を使う

レシピの工夫

1 主菜の肉や魚は80g前後を目安に

1人あたり、肉なら80〜90ｇ、魚なら70〜80ｇを使用。少なく感じるかもしれませんが、たっぷりの野菜と組み合わせてかさ増しし、満足感のある主菜に仕上げます。肉や魚のほか、豆腐などの大豆製品のおかずも主菜になります。

2 1食で野菜を120g以上使用

緑黄色野菜と淡色野菜を組み合わせることが大事です。野菜は、ビタミン、ミネラル、食物繊維などが豊富ですが、種類によって栄養成分が異なるので、多種類の野菜を食べると栄養バランスもよくなり、健康にも役立ちます。

3 咀《そ》嚼《しゃく》回数を増やし、満腹感を得る

根菜類や切り干し大根、きのこなど、噛み応えのある食材を活用する、大きめに切る、歯応えのある硬さで調理するなど、しっかり咀嚼できる献立に。噛む回数が増えると唾液が増えて整腸作用があるほか、食べすぎ防止にも。

4 味つけ、調理法で変化をつける

主菜と副菜では、味つけも調理法も変えて、味にメリハリをつけることが大事です。そうすることで、献立全体の満足度も上がりますし、油や塩分の摂りすぎ予防にも。パパッと作れる1品を加えれば、時短にもつながります。

5 塩分と油を控えめにする工夫

塩分を減らしながら、おいしいと感じられるよう、ダシを上手に活用しています。揚げものも油を食材の表面に吹きつけて焼く、カロリーハーフのマヨネーズを使うなどして、カロリーオーバーにならないようにしています。

チリコンカンライス定食

ひき肉と野菜、豆類をトマトや香辛料で炒め煮する、メキシコ発祥のアメリカ料理です。トマトに含まれるリコピンには細胞の老化を防ぐ働きがあり、生活習慣病予防になります。

611kcal
食塩相当量3.1g
野菜132g

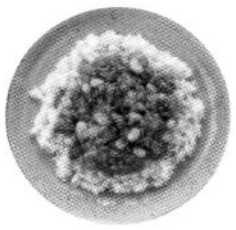

チリコンカンライス

材料（2人分）

大豆（水煮）…40g
たまねぎ…2/5個（80g）
にんじん…1/10本（20g）
マッシュルーム（缶詰）…20g
合いびき肉…100g
おろしにんにく…少々（0.6g）
サラダ油…小さじ1（4g）
A
［カレー粉…小さじ1/5（0.4g）
　チリパウダー…少々（0.2g）
B
［トマトソース…120g
　カットトマト（缶詰）…20g
　水…20cc
こしょう…少々
ドライパセリまたはパセリのみじん切り…少々
胚芽米…360g（1人前180g）

作り方

①たまねぎを1cm角に、にんじんをみじん切りにする。
②フライパンにサラダ油をひき、おろしにんにくを入れて弱火で炒めて香りを出す。合いびき肉を入れて中火でほぐしながら炒める。キッチンペーパーで余分な油を吸い取る。
③②に香辛料Aを加えて弱火で炒め、香りを引き出す。たまねぎとにんじんを入れてよく炒め、たまねぎの色があめ色に変わってきたら、マッシュルームと大豆を加えて炒める。
④③にBを加えて混ぜ合わせ、煮詰める。最後にこしょうで味を調える。
⑤皿にご飯を盛り、④をのせて、パセリをトッピングする。

サラダ&グレープフルーツ

材料（2人分）

サニーレタス…2/3枚（20g）
キャベツ…1/2枚（40g）
パプリカ赤…4g
フレンチドレッシング…20cc
グレープフルーツ…1/8個

作り方

①サニーレタスは小さめのざく切り、キャベツは千切り、パプリカは薄切りにする。
②①の野菜を混ぜ合わせて小鉢に盛り、ドレッシングをかける。縦半分に切ったグレープフルーツを添える。

白菜とコーンのスープ

材料（2人分）

白菜…3/5枚（60g）
ホールコーン（缶詰）…20g
チキンコンソメ…小さじ1弱（2g）
水…300cc
塩…小さじ1/4（1.6g）
こしょう…少々（0.2g）

作り方

①白菜を短冊切りにする。
②鍋に水を入れて沸かし、白菜とコーンを入れてひと煮立ちさせる。チキンコンソメを入れて沸騰したら、塩とこしょうで味を調える。

おいしくなる調理のコツ!

合いびき肉を炒め終わったとき、キッチンペーパーで余分な油を吸い取ると、アクや油っぽさが取り除けて、より食べやすくなる。

さばの塩麹焼き定食

さばを塩麹にひと晩つけ込むことで塩味に甘みが加わり、焼くとふっくら仕上がります。塩麹は発酵調味料なので、腸内環境を改善する働きも。副菜にはすっきり味の酢の物を添えて。

683kcal
食塩相当量3.7g
野菜190g

さばの塩麹焼き

材料（2人分）
さば（切り身）…2枚（1枚80g）
A
塩麹…小さじ2強（16g）
料理酒…大さじ1強（16cc）
だいこん…3cm弱（80g）
白だしつゆ（しょうゆでも可）…小さじ1/3（2cc）

付け合わせ
ほうれん草…80g
にんじん…10g
れんこん…30g
サニーレタス…1枚（10g）
めんつゆ…小さじ1/3（2cc）
削り節…適量
サラダ油…適量

作り方
①さばは水気をキッチンペーパーで拭き取り、Aにひと晩漬け込む。
②魚焼きグリルで①を焼く。
③だいこんはおろして水気を軽く絞り、白だしつゆで味を調える。

付け合わせの作り方
ほうれん草は食べやすい長さに、にんじんは3㎜角の棒切りにする。それぞれ茹でて水気を切り、めんつゆと削り節で和える。れんこんは輪切りにし、サラダ油で揚げる。サニーレタスは半分にカットする。

おいしくなる調理のコツ!

さばに塩麹がたくさんついていると焦げやすくなるので好みで取り除いて。クッキングシートを敷くとフライパンでもうまく焼ける。

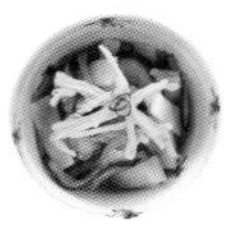

だいこんときゅうりの酢の物

材料（2人分）
だいこん…3cm（90g）
きゅうり…2/5本（40g）
にんじん…1/10本（20g）
錦糸卵…10g
A
水…大さじ2（30cc）
みりん…小さじ2強（14cc）
砂糖…小さじ1強（4g）
和風顆粒だし…少々（0.4g）
輪切り唐辛子…少々
酢…大さじ2（30cc）
塩…少々（0.6g）

作り方
①だいこんは短冊切りに、きゅうりは縦半分に切って斜め薄切りに、にんじんは3㎜角の棒切りにする。
②だいこんときゅうりは3%塩水につけて水気を絞る。にんじんは2〜3分茹でて水気を切る。
③Aをひと煮立ちさせて冷めたら酢を入れて、塩で味を調える。
④②を③で和え、小鉢に盛り、錦糸卵をのせる。

さといもとねぎのみそ汁

材料（2人分）
さといも…大1個（40g）
長ねぎ…20g
水…300cc
和風顆粒だし…小さじ1/2（1.6g）
合わせみそ…大さじ1強（20g）

作り方
①さといもは食べやすい大きさに切り、長ねぎは小口切りにする。
②鍋に水とさといもを入れてやわらかくなるまで煮る。顆粒だしを加え、みそを溶く。椀に注ぎ、長ねぎを散らす。

牛肉のプルコギ定食

焼肉のたれを活用した甘辛味で食欲をそそるプルコギには、やさしい味わいの副菜と汁物を。副菜のれんこんに含まれる粘り成分のムチンは、胃腸の働きを助け、保護してくれます。

604kcal
食塩相当量3.2g
野菜208g

牛肉のプルコギ

材料（2人分）

牛もも肉…140g
牛バラ肉…40g
たまねぎ…1/3個（60g）
たけのこ（水煮）…1/10個（20g）
しめじ…1/5パック（20g）
おろししょうが…少々（0.6g）
サラダ油…小さじ1（4g）
豆板醤…小さじ1/5（1.6g）
A
［焼肉のたれ…20cc
砂糖…小さじ1/3（1g）
減塩しょうゆ
…小さじ2/3（4cc）］
ごま油…小さじ1/2（2g）
糸唐辛子…適量

作り方

①たまねぎは1cm幅のくし形に、たけのこは短冊に切る。しめじは石づきを落とし、小房に分ける。
②フライパンに油をひき、しょうがを入れて弱火で炒め、香りを出す。牛肉を入れて強火で炒め、色が変わったらたまねぎを入れる。火が通ったら、たけのこ、しめじの順に入れてさらに炒める。
③豆板醤を加えて炒め、風味を出し、Aを入れて炒め合わせ、最後にごま油を入れて香りづけし、糸唐辛子をのせる。

付け合わせ

キャベツ…3/4枚（60g）
にんじん…1/10本（20g）
にら…20g
もやし…80g
塩だれ…小さじ1弱（4cc）

付け合わせの作り方

キャベツとにんじんは短冊に、にらは3cm長さに切る。もやし、キャベツ、にらは30秒ほど、にんじんは2〜3分茹でてザルにあげ、粗熱を取り、塩だれで和える。

カロリーダウンのポイント

プルコギでは、2種類の牛肉を使用。バラ肉はうまみが強いが、脂身が多くカロリー過多に。おいしさとカロリーのバランスを考えて、もも肉と合わせている。

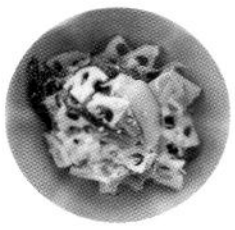

ちんげん菜とれんこんのナムル

材料（2人分）

ちんげん菜…3/5株（60g）
れんこん…60g
かに風味かまぼこ…10g
長ねぎ…10g
A
［白煎りごま…小さじ1/5（0.6g）
塩だれ…小さじ1弱（4cc）
うま味調味料…少々（0.6g）
ごま油…小さじ1/2（2g）］

作り方

①ちんげん菜は3cm長さに切り、茹でて水にとって水気を絞る。れんこんはいちょう切りにし、蓋をしないで茹でてザルにあげる。かに風味かまぼこは食べやすい大きさにほぐす。長ねぎはみじん切りにする。
②ちんげん菜、れんこん、かに風味かまぼこをAで和える。小鉢に盛り、長ねぎを散らす。
＊ちんげん菜（冷凍）やれんこん（水煮）を使う場合は、さっと茹でてから使うとよい。

卵スープ

材料（2人分）

かいわれ大根…6g
にんじん…1/10本（20g）
卵…1/2個
A
［水…300cc
チキンコンソメ…小さじ2/3（1.6g）］
塩…小さじ1/4（1.6g）
こしょう…少々（0.2g）
かたくり粉…小さじ1/5（0.6g）

作り方

①かいわれ大根は長さを半分に切る。にんじんは3mm角の棒状に切る。卵を溶く。かたくり粉を2倍の量の水で溶く。
②鍋にAを入れ、沸騰したらにんじんを加える。ひと煮立ちしたら、水溶きかたくり粉を加えて素早く混ぜてとろみをつける。鍋の中をかき回して渦をつくり、溶き卵を入れる。塩、こしょうで味を調える。
③器に注ぎ、かいわれ大根を散らす。

白身魚のさっぱりみぞれ煮定食

“みぞれ”とはだいこんおろしのこと。生では辛みがあっても、煮ると甘みが出てきます。油で揚げた上品な味の白身魚に、だいこんおろしの甘みがよく合い、さっぱりといただけます。

603kcal
食塩相当量3.8g
野菜181g

白身魚のさっぱりみぞれ煮

材料（2人分）

たら（切り身）…4枚（1枚40g）

A

料理酒…大さじ1弱（12cc）

減塩しょうゆ…小さじ2/3（4cc）

おろししょうが…少々（0.6g）

かたくり粉…大さじ1弱（8g）

サラダ油…適量

だいこん…2㎝（60g）

B

白だしつゆ…水の量に対して1：10

水…適量（鍋に材料を入れたときに浸るくらい）

水溶きかたくり粉…適量

付け合わせ

さつまいも…60g

れんこん…30g

パプリカ赤…30g

サラダ油…適量

キャベツ…1枚（80g）

かいわれ大根…2g

作り方

①たらは水気をキッチンペーパーで拭き取り、Aに1時間ほどつけて下味をつける。余分な水分をキッチンペーパーで拭き取り、かたくり粉をつけてサラダ油で揚げる。

②だいこんをおろし、水気を軽く切る。

③鍋にBを煮立てて①を少し煮る。魚を取り出したら、だいこんおろしを入れてひと煮立ちさせ、水溶きかたくり粉でとろみをつけてあんをつくる。

付け合わせの作り方

さつまいもは乱切りにし、軽く水をかけてラップをして電子レンジで1分ほど加熱する。れんこんは輪切りに、パプリカはくし形に切る。サラダ油で素揚げし、塩（材料外）をふる。キャベツは短冊に切り、さっと茹でる。かいわれ大根は食べやすい長さに切る。

ちんげん菜とハムの中華和え

材料（2人分）

ちんげん菜…小1株（80g）

もやし…1/4袋（60g）

にんじん…1/10本（20g）

ハム…10g

中華ドレッシング…20cc

作り方

①ちんげん菜は3～4㎝長さに、にんじんは3㎜角の棒切りに、ハムは半分に切って細切りにする。

②ちんげん菜は茹でて水に取り、水気を絞る。沸かした湯でもやしは30秒ほど、にんじんは2～3分茹でてザルにあげ、流水に当てて粗熱を取り、水気を切る。

③②とハムを中華ドレッシングで和える。

さといもとわかめのみそ汁

材料（2人分）

さといも…1個（30g）

わかめ（乾燥）…2g

しめじ…1/5パック（20g）

水…300cc

和風顆粒だし…小さじ1/2（1.6g）

合わせみそ…大さじ1強（20g）

作り方

①さといもは食べやすい大きさに、しめじは石づきを落とし、手でほぐす。わかめは水につけて戻す。

②鍋に水とさといもを入れてやわらかくなるまで煮る。顆粒だしを入れてしめじとわかめを加え、ひと煮立ちしたら、みそを溶く。

おいしくなる調理のコツ！

主菜の付け合わせには食感の違う野菜を合わせて、少し大きめに切っている。咀嚼回数が自然に増えて満足感が得られる。

ビーフストロガノフ定食

日本人に不足しがちな鉄を多く含む、牛肉の赤身が主役の人気メニューです。鉄は血をつくるのに欠かせない栄養素。不足すると貧血や疲労、免疫力の低下などの一因になります。

698kcal
食塩相当量3.2g
野菜127g

ビーフストロガノフ

材料（2人分）

牛こま肉…160g
塩、こしょう…各少々
たまねぎ…1/2個（100g）
マッシュルーム（缶詰）…20g
おろしにんにく…少々（1.6g）
サラダ油…小さじ1/2（2g）
A
［料理酒…小さじ1（4cc）
　赤ワイン…大さじ1（12cc）
　トマトソース（市販）…60g
B
［水…80cc
　ビーフコンソメ…小さじ1/3（1g）
デミグラスソース（市販）…80g
牛乳…小さじ1（6cc）
かたくり粉…小さじ1/3（1g）
マーガリン…小さじ1（4g）
胚芽米…360g（1人分180g）
ドライパセリまたはパセリのみじん切り…適量

作り方

①牛肉に塩、こしょうをする。たまねぎを4分の1に切り、繊維に沿って切る。かたくり粉を2倍量の水に溶いておく。
②フライパンにサラダ油とおろしにんにくを入れて弱火で熱し、香りを出す。牛肉を入れて色が変わるまで中火で炒め、たまねぎを加えてしんなりするまで炒める。マッシュルームを加えて、軽く炒める。
③②にAを加えて1分ほど煮立たせ、アルコール分を飛ばす。Bを入れてひと煮立ちしたら、デミグラスソース、牛乳、塩、こしょうを加えて煮込む。最後に、水溶きかたくり粉でとろみをつける。火を止めてから、マーガリンを加えて風味づけする。
④器にご飯を盛り、③をかけ、パセリをのせる。

シーザーサラダ

材料（2人分）

水菜…2株（60g）
きゅうり…10g
パプリカ黄…4g
ベーコン…16g
サラダ油…小さじ1/2（2g）
シーザードレッシング…20cc

作り方

①水菜は3cm長さ、きゅうりは縦半分に切って斜め薄切り、パプリカは薄切りにする。
②ベーコンは短冊切りにする。フライパンにサラダ油を熱し、ベーコンをカリカリになるまで炒める。
③①②を和えて、小鉢に盛り、シーザードレッシングをかける。

野菜スープ

材料（2人分）

キャベツ…1/2枚（40g）
たまねぎ…1/5個（40g）
サラダ油…小さじ1（4g）
水…300cc
チキンコンソメ…小さじ1弱（2g）
塩…小さじ1/6（1g）
こしょう…少々

作り方

①キャベツは短冊切り、たまねぎは薄切りにする。
②フライパンにサラダ油を熱し、たまねぎを軽く炒める。
③鍋に水を入れて沸騰したら、②とキャベツを入れてひと煮立ちさせる。チキンコンソメを入れ、塩、こしょうで味を調える。

おいしくなる調理のコツ！

ビーフストロガノフではトマトソースの代わりに、ケチャップを使っても。トマトソースと同じタイミングで加え、弱火でオレンジ色になるまでよく炒めるのがコツ。酸味が消えて、マイルドな味わいになる。

いわしの蒲焼風　梅おろし添え定食

脳の働きをよくする栄養価の高いいわしに、梅干しの酸味と食感を組み合わせた、新鮮な味わいを楽しんで。梅干しのクエン酸には疲労回復や食欲増進効果もあります。

655kcal
食塩相当量3.2g
野菜148g

いわしの蒲焼風　梅おろし添え

材料（2人分）
いわし（無頭開き）…4枚（1枚40g）
料理酒…小さじ1弱（4cc）
塩…少々
かたくり粉…大さじ1弱（8g）
サラダ油…適量
A
［減塩しょうゆ…小さじ1と2/3（10cc）
　みりん…大さじ1/2（9cc）
　料理酒…大さじ1/2（7cc）
　水…16cc
B
［山椒粉、白すりごま…各少々
だいこん…2cm（60g）
カリカリ梅…6g（小梅でも）

付け合わせ
たまねぎ…1/5個（40g）
わかめ（乾燥）…2g
かぼちゃ…70g
もやし…60g
サニーレタス…1枚（10g）

作り方
①いわしは水気をキッチンペーパーで拭き取り、両面に塩をふり、料理酒をかけて1時間ほどおく。余分な水気をキッチンペーパーで拭き取り、かたくり粉をつける。サラダ油で揚げる。
②鍋でAを煮立て、Bを加えてたれをつくる。
③①の表面に②のたれを塗る。
④だいこんをすりおろし、軽く水気を切る。カリカリ梅は種を取り、細かく刻む。だいこんおろしとカリカリ梅を合わせる。

付け合わせの作り方
たまねぎは薄切りにして水にさらし、水で戻したわかめと合わせて水気を切る。かぼちゃは食べやすい大きさに切り、電子レンジで約1分加熱する。もやしはさっと茹でる。サニーレタスは半分にカットする。

おいしくなる調理のコツ！

いわしを焦がさないように中温でカリッと揚げると、骨まで食べられます。カルシウムが効率よく摂取できておすすめ。

ひじきとさつまいものサラダ

材料（2人分）
ひじき（乾燥）…2g
さつまいも…70g
パプリカ赤…4g
サニーレタス…1枚（10g）
A
［塩…少々（0.2g）
　マヨネーズ（カロリーハーフ）…小さじ2と1/2（10g）
　フレンチドレッシング…4cc

作り方
①ひじきは水に30分つけて戻し、5分茹でてザルにあげる。さつまいもは1cm角に切り、軽く水をかけ、ラップをして電子レンジで1分加熱し、冷ます。パプリカは食べやすい長さの薄切りにする。
②Aを合わせたなかに、粗熱を取ったひじきとさつまいもを入れて混ぜる。
③小鉢に半分にカットしたサニーレタスを敷き、②を盛り、パプリカをのせる。

かきたま汁

材料（2人分）
卵…1個
たまねぎ…1/5個（40g）
万能ねぎ…少々
かたくり粉…少々（0.4g）
水…300cc
A
［塩だれ…大さじ1弱（14cc）
　料理酒…小さじ1強（6cc）

作り方
①たまねぎは薄切りにして半分の長さに切る。万能ねぎは小口切りにする。
②鍋に水とたまねぎを入れて火にかける。沸いたらAを入れてひと煮立ちさせ、2倍量の水で溶いた水溶きかたくり粉を加えてとろみをつける。鍋の中をかき回して渦をつくり、溶き卵を流し入れて火を止める。
③椀に②を注ぎ、万能ねぎを散らす。

いかチリ丼定食

高たんぱく低脂肪のいかは、血中コレステロールや中性脂肪を減らすタウリンを多く含み、生活習慣病の予防や疲労回復に有効です。彩りを添えるちんげん菜にはビタミン類がたっぷり。

608kcal
食塩相当量3.6g
野菜125g

いかチリ丼

材料（2人分）
冷凍いか…150g
A
- 塩…小さじ1/6（1g）
- こしょう…少々
- 料理酒…小さじ2（10cc）

かたくり粉…小さじ5（15g）
サラダ油…小さじ2（8g）
長ねぎ…40g
たまねぎ…3/10個（60g）
B
- 料理酒…小さじ1強（6cc）
- チリソース…50g

ごま油…小さじ1/2（2g）
ちんげん菜…1株弱（80g）
胚芽米…360g（1人前180g）

作り方
①冷凍いかは解凍し、両面に鹿の子状に包丁を入れ、2cm×4cmに切る。
②①の両面にAをふって下味をつけ、かたくり粉を混ぜ、サラダ油小さじ1を加えてもみ込む。70〜80℃の熱湯に入れて表面の色が変わるまで茹でて、冷水にとって水気を切る。
③長ねぎとたまねぎはみじん切りにする。
④フライパンにサラダ油小さじ1と長ねぎの半分、たまねぎを入れて弱火で炒め、あめ色になったら、Bを加えて炒め混ぜる。②を入れて炒め合わせ、ごま油で香りづけし、残していた長ねぎを加える。
⑤ちんげん菜は1株を縦に4つに分け、塩とサラダ油（ともに分量外）を少々入れた熱湯で茎のほうから茹でる。水にとって水気を絞り、3cm長さに切る。
⑥丼にご飯を盛り、④をのせ、⑤を飾る。

おいしくなる調理のコツ！

イカをやわらかくふっくらと仕上げるコツは、湯の表面がポコポコしない70〜80℃の熱湯で茹でること。高温で一気に茹でると身が硬くなる。

春雨の中華和え

材料（2人分）
春雨…30g
きゅうり…1/5本（20g）
たまねぎ…1/10個（20g）
パプリカ黄…10g
かに風味かまぼこ…10g
中華ドレッシング…16cc

作り方
①春雨は沸騰した湯に入れ、再沸騰したら2分ほど混ぜながら茹でて、ザルにあげて水気を切る。食べやすい長さに切る。
②きゅうりは縦半分に切って斜め薄切りにし、3%の塩水に浸けて軽く絞る。たまねぎは薄切りにし、水にさらして水気をよく切る。
③パプリカは薄切りにする。かに風味かまぼこはほぐす。
④①②を中華ドレッシングで和える。
⑤小鉢に盛り、③をのせる。

えのき茸とにらの中華スープ

材料（2人分）
えのき茸…3/5袋（60g）
にら…20g
かたくり粉…小さじ2/3（2g）
水…300cc
A
- 塩だれ…大さじ1弱（14cc）
- 料理酒…小さじ1弱（4cc）

ごま油…少々（0.6g）

作り方
①えのき茸とにらは3cm長さに切る。かたくり粉は、2倍量の水に溶く。
②鍋に水を入れて沸かし、えのき茸を入れてひと煮立ちしたら、Aを入れて混ぜる。水溶きかたくり粉でとろみをつけ、にらを入れ、最後にごま油で風味づけする。

チキンピカタ定食

肉に溶き卵をつけて焼くピカタは、ふわっとした食感が独特。卵にチーズを混ぜているので、うまみがアップしています。爽やかな味わいのマリネではブロッコリーの歯応えを楽しんで。

691kcal
食塩相当量3.1g
野菜165g

チキンピカタ

材料（2人分）
鶏もも肉…200g
塩…小さじ1/3（2g）
こしょう…少々
A
小麦粉…20g
水…30cc
卵…1個
パルメザンチーズまたはエダムチーズ…2g
サラダ油…小さじ2（8g）
B
ウスターソース…大さじ1/2強（10cc）
ケチャップ…小さじ4（20g）
赤ワイン…小さじ2（10cc）
こしょう…少々（0.2g）

付け合わせ
サニーレタス…1枚（10g）
キャベツ…1枚（80g）
オクラ…2本（20g）
パプリカ赤…1/5個（30g）
サラダ油…小さじ3/4（3g）

作り方
①鶏肉は半分に切り分け、水気をキッチンペーパーで拭き取り、塩、こしょうで下味をつける。混ぜ合わせたAを鶏肉全体につける。
②フライパンにサラダ油を熱し、鶏肉の皮目を下にして入れて弱火で焼く。周りの衣に色がつき始めたら、ひっくり返す。耐熱皿に移し、160℃に温めたオーブンで10分を目安に、中までしっかりと焼く。肉の表面に気泡が出てくれば中まで焼けている。
③鍋にBを入れ、混ぜながら火にかけてソースをつくる。最後にこしょうで味を調える。

付け合わせの作り方
サニーレタスは半分にカットする。キャベツは千切りに、オクラは茹でて縦半分に切る。パプリカは縦半分に切り、サラダ油を熱したフライパンで軽く焼く。

ブロッコリーマリネサラダ

材料（2人分）
ブロッコリー…1/3株（100g）
たまねぎ…1/10個（20g）
にんじん…10g
キャベツ…3/4枚（60g）
イタリアンドレッシング…20cc

作り方
①ブロッコリーは小房に分け、蒸す。たまねぎは薄切りにし、水にさらし水気をよく切る。にんじんは千切りにする。キャベツは短冊に切り、さっと茹でて冷ます。
②ブロッコリー、たまねぎ、にんじんをイタリアンドレッシングで和える。
③小鉢にキャベツをひき、②を盛る。

わかめと麩のすまし汁

材料（2人分）
わかめ（乾燥）…2g
巻麩…10個
水…300cc
和風顆粒だし…小さじ1/2（1.6g）
薄口しょうゆ…小さじ2/3（4cc）
塩…小さじ1/5（1.2g）

作り方
鍋に水を入れて沸かし、顆粒だしを入れて薄口しょうゆと塩で味を調える。水で戻したわかめと巻麩を入れる。

おいしくなる調理のコツ！

鶏肉は皮に脂肪が多く付いているので、皮を取り除くだけで簡単に、カロリーダウンできる。

ゆで豚のピーナッツソースがけ定食

余分な脂を落とした豚しゃぶに、香ばしいピーナッツソースのコクがよく合います。ピーナッツは不飽和脂肪酸のオレイン酸・リノール酸のほか、ビタミンEも豊富です。

660kcal
食塩相当量2.7g
野菜201g

ゆで豚のピーナッツソースがけ

材料（2人分）
豚バラ肉…40g
豚もも肉…160g
ローストピーナッツ（無塩）…20g
水…40cc
和風顆粒だし…小さじ1/3（0.8g）
A
減塩しょうゆ…小さじ1と1/3（8cc）
酢…小さじ1/2（2cc）
砂糖…小さじ2/3（2g）
みりん…小さじ1と2/3（10cc）
かたくり粉…小さじ1/3（1g）

付け合わせ
キャベツ…3/4枚（60g）
パプリカ（赤・黄）…各4g
水菜…20g
もやし…100g

作り方
①豚バラ肉と豚もも肉を1枚ずつはがしておく。鍋に湯を沸かし、豚肉を入れて茹でる。色が変わってひと煮立ちしたら、取り出す。
②鍋に水を入れて沸かし、和風顆粒だしを入れ、Aを加えて煮立たせる。2倍量の水で溶いた水溶きかたくり粉でとろみをつけ、ひと煮立ちしたら、砕いたピーナッツを半量入れて混ぜ合わせ、ソースをつくる。残りのピーナッツは砕いて散らす。

付け合わせの作り方
キャベツは短冊切りに、パプリカは薄切りに、水菜は3cm長さに切る。キャベツともやしは、それぞれさっと茹でる。

根菜のうま煮

材料（2人分）
ごぼう…2/5本（60g）
れんこん…60g
にんじん…10g
きぬさや…4枚
つきこんにゃく（黒）…20g
刻みしいたけ（乾燥）…2g
A
減塩しょうゆ…小さじ1と2/3（10cc）
砂糖…小さじ1強（4g）
みりん…小さじ1/3（2cc）
水…60cc
和風顆粒だし…少々（0.4g）

作り方
①ごぼうとれんこんは乱切りに、にんじんは3mm角の棒切りにする。きぬさやは筋を取る。
②鍋に湯を沸かし、きぬさや、にんじんの順にさっと茹でて水に取り、ザルにあげる。同じ湯でこんにゃくを茹でてザルにあげる。刻みしいたけは水で戻しておく。
③鍋にAを煮立たせ、ごぼう、れんこん、つきこんにゃく、刻みしいたけを入れて弱火で火が通るまで煮る。最後ににんじんを合わせてひと煮立ちさせる。
④小鉢に盛り、きぬさやをのせる。

おいしくなる調理のコツ!

ゆで豚では、2種類の部位を使用。もも肉でカロリーダウンし、バラ肉を加えてうまみをプラスしておいしい1皿に。

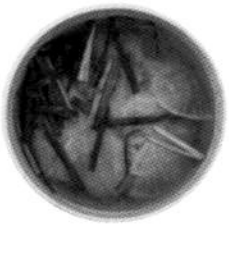

だいこんとにらのみそ汁

材料（2人分）
だいこん…2cm（60g）
にら…10g
水…300cc
和風顆粒だし…小さじ1/2（1.6g）
合わせみそ…大さじ1強（20g）

作り方
①だいこんは2mm厚さのいちょう切りに、にらは3cm長さに切る。
②鍋に水を入れて沸かし、だいこんを入れてひと煮立ちさせ、顆粒だしを入れる。みそを溶き、にらを入れてひと煮立ちさせる。

あじのピリ辛ねぎソース定食

あじは良質なたんぱく質が豊富で、血中の中性脂肪を下げるEPAやDHAを多く含みます。ねぎの香りや唐辛子でパンチを効かせることで、塩分控えめでも満足感の高いソースに。

661kcal
食塩相当量3.5g
野菜158g

あじのピリ辛ねぎソース

材料（2人分）
あじ（切り身）…4枚（1枚40g）
A
［料理酒…小さじ2（10cc）
　おろししょうが…少々（1.6g）
かたくり粉…大さじ1と1/3（13g）
サラダ油…適量
長ねぎ…30g
B
［おろしにんにく…少々（0.4g）
　おろししょうが…少々（0.4g）
　輪切り唐辛子…少々（0.2g）
　みりん…大さじ1（18cc）
　砂糖…小さじ1強（4g）
　減塩しょうゆ…大さじ1（18cc）
酢…小さじ4弱（18cc）
ごま油…大さじ1/2（6g）

付け合わせ
キャベツ…1枚弱（70g）
にんじん…4g
水菜…10g
かぼちゃ…60g
もやし…50g
万能ねぎ…少々

作り方
①あじは水気をキッチンペーパーで拭き取り、Aに1時間ほどつけて下味をつける。余分な水分をキッチンペーパーで拭き取り、かたくり粉をつけてサラダ油で揚げる。
②長ねぎはみじん切りにする。鍋に長ねぎとBを入れて弱火で加熱し、温まったら酢を入れてごま油で香りづけし、ソースをつくる。

付け合わせの作り方
キャベツとにんじんは千切り、水菜は4cm長さに切って混ぜ合わせる。かぼちゃは乱切りにし、電子レンジで約1分加熱する。もやしはさっと茹でる。万能ねぎは小口切りにする。

おいしくなる調理のコツ!

付け合わせは、冷蔵庫の残り野菜で十分。野菜のビタミンやミネラルが摂取でき、栄養バランスがよくなる。ピリ辛ソースを絡めて食べるので、味つけ不要。

ぜんまいとさつま揚げの煮物

材料（2人分）
ぜんまい（水煮）…50g
にんじん…20g
つきこんにゃく（白）…30g
さつま揚げ…40g
サラダ油…小さじ1/2（2g）
料理酒…小さじ1弱（4cc）
砂糖…小さじ1強（4g）
水…60cc
和風顆粒だし…少々（0.4g）
減塩しょうゆ…小さじ1と2/3（10cc）
白煎りごま…小さじ1/3（1g）

作り方
①ぜんまいは湯通しし、5cm長さに切る。にんじんは3mm角の棒切りにする。こんにゃくはさっと茹でてアク抜きする。さつま揚げは半分に切って薄く切る。
②サラダ油を熱した鍋でにんじん、こんにゃくを炒め、油がまわったらぜんまいを加えてさっと炒める。料理酒と砂糖を加えて炒りつけ、水と和風顆粒だしを入れて煮込み、しょうゆで味を調える。最後にさつま揚げを入れて5分ほど煮込む。
③小鉢に盛り、ごまをかける。

じゃがいもといんげんのみそ汁

材料（2人分）
じゃがいも…3/5個（60g）
いんげん…2本（20g）
水…300cc
和風顆粒だし…小さじ1/2（1.6g）
合わせみそ…大さじ1強（20g）

作り方
①じゃがいもは1cm角のさいの目に、いんげんは筋を取り、食べやすい長さに切る。
②鍋に水を入れて沸かし、じゃがいもを入れ、再沸騰したらいんげんを入れて3〜5分煮る。顆粒だしを入れてみそを溶く。

鶏肉のハニーマスタード焼き定食

はちみつを加えたたれを鶏肉に塗って焼くことで、鶏肉がしっとりやわらかくなります。はちみつの甘みと、粒マスタードのピリッとした辛さと酸味が絶妙で、味のアクセントに。

644kcal
食塩相当量3.4g
野菜153g

鶏肉のハニーマスタード焼き

材料（2人分）
鶏もも肉…200g
塩…少々（0.6g）
こしょう…少々（0.2g）
サラダ油…小さじ1/2（2g）
水溶きかたくり粉…適量
A
　はちみつ…小さじ1弱（6g）
　粒マスタード…小さじ1（6g）
　減塩しょうゆ…小さじ1と1/3（8cc）
　白ワイン…小さじ4（20cc）
　レモン汁…大さじ2/3（10cc）
　オリーブ油…小さじ1と1/2（6g）

付け合わせ
じゃがいも…1個弱（90g）
にんじん…2/5本（40g）
いんげん…4本（40g）
飾り
水菜…10g
たまねぎ…10g
にんじん…4g

作り方
①鶏肉に塩、こしょうで下味をつける。
②天板にサラダ油をひき、皮面を上にして鶏肉をのせ、160℃に温めたオーブンで10分を目安に焼く。
③鍋にAを入れて火にかけ、温まったら水溶きかたくり粉を入れてひと煮立ちさせて、たれをつくる。②の焼き上がり1〜2分前に、鶏肉の表面に塗って焼くとパリッと焼き上がる。

付け合わせの作り方
じゃがいもは乱切りに、にんじんは輪切りにする。それぞれやわらかくなるまで茹でて軽く塩（材料外）をふる。いんげんは食べやすい長さに切り、塩茹でする。
飾り用の水菜は3cm長さに切る。たまねぎは薄切りに、にんじんは千切りにし、それぞれ水にさらし、水気を切る。

おいしくなる調理のコツ!

たれに水溶きかたくり粉で軽くとろみをつけてから鶏肉に塗ると、たれが肉の表面にとどまり、香ばしく仕上がる。

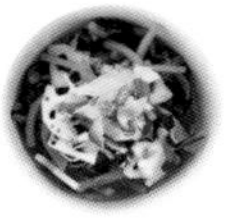

小松菜のおひたし

材料（2人分）
小松菜…2.5株（120g）
にんじん…1/10本（20g）
れんこん…20g
A
　水…40cc
　めんつゆ（4倍濃縮）…小さじ1と2/3（10cc）
　みりん…小さじ2/3（4cc）
削り節…ひとつまみ（0.2g）

作り方
①小松菜は3〜4cm長さに、にんじんは3mm角の棒切りに、れんこんはいちょう切りにする。
②湯を沸かし、それぞれの野菜を1〜2分茹でたら、小松菜は水に取ってよく絞る。にんじんとれんこんはザルにあげる。粗熱が取れたら、合わせておく。
③鍋でAをひと煮立ちさせる。
④小鉢に②を盛り、③をかけ、削り節をのせる。

じゃがいもとたまねぎのみそ汁

材料（2人分）
じゃがいも…2/5個（40g）
たまねぎ…1/5個（40g）
万能ねぎ…少々
水…300cc
和風顆粒だし…小さじ1/2（1.6g）
合わせみそ…大さじ1強（20g）

作り方
①じゃがいもは1cm角に、たまねぎは薄切りに、万能ねぎは小口切りにする。
②鍋に水を入れて沸かし、じゃがいもを入れてひと煮立ちさせたら、たまねぎを加えて3〜5分煮る。顆粒だしを入れてみそを溶く。
③椀に注ぎ、万能ねぎを散らす。

さわらのごまみそ焼き定食

低カロリーで淡白な味のさわらを引き立てるごまとみそは、一緒に摂ることで風味も栄養もアップする、相性のよい組み合わせです。ごまの脂質には抗酸化作用や血流改善も期待できます。

544kcal
食塩相当量3.1g
野菜183g

さわらのごまみそ焼き

材料（2人分）

さわら（切り身）…2枚（1枚80g）

A

- 赤みそ…大さじ2弱（28g）
- 料理酒…大さじ1（12cc）
- 砂糖…小さじ2強（8g）
- みりん…小さじ2/3（8cc）

白煎りごま…小さじ2/3（2g）

付け合わせ

ほうれん草…1.5株（70g）
にんじん…10g
かぼちゃ…60g
もやし…60g
めんつゆ（3倍濃縮）…小さじ2/3（4cc）

作り方

さわらは合わせておいたAの半量に1時間ほどつけて下味をつけ、魚焼きグリルで焼く。残したAの半量は上かけ用のたれにする。仕上げにごまをふる。

付け合わせの作り方

ほうれん草は3～4cm長さに切り、茹でて水気を絞る。にんじんは3mm角の棒切りにしてさっと茹でる。合わせてめんつゆで和える。かぼちゃは乱切りにし、電子レンジで1分加熱する。もやしはさっと茹でる。

おいしくなる調理のコツ!

さわらは身がやわらかいので、割れやすい。みそなどの塩分で余分な水分が抜けると、身が締まって扱いやすくなる。

だいこんのそぼろあん

材料（2人分）

だいこん…5cm強（160g）

A

- 白だしつゆ…水の量に対して1：15
- 水…適量

鶏ひき肉…30g
サラダ油…小さじ1/2（1g）

B

- 水…48cc
- 減塩しょうゆ…小さじ1（6cc）
- 砂糖…小さじ1/3（1g）
- みりん…小さじ1/3（2cc）
- おろししょうが…1g

かたくり粉…2g
万能ねぎ…少々

作り方

①だいこんは皮をむき、厚さを半分に切り、半月切りにする。鍋にだいこんを入れ、かぶる程度の水を注ぐ。沸騰したら中火で15分下茹でする。竹串がすっと通ればよい。水に2～3分さらす。
②鍋にだいこんを入れ、Aの水をひたひたになる量と白だしつゆを加えて沸騰したら、弱火で10分煮る。
③万能ねぎを小口切りにする。
④鍋にサラダ油を熱し、鶏ひき肉を中火でほぐしながら炒める。余分な油が出てきたら、キッチンペーパーで拭く。Bを加えて煮る。2倍量の水で溶いたかたくり粉を最後に加えてとろみをつける。
⑤小鉢に②を盛り、④をかけて万能ねぎを散らす。

豆腐と三つ葉のすまし汁

材料（2人分）

絹ごし豆腐…60g
三つ葉…6g
水…300cc
和風顆粒だし…小さじ2/3（2g）
薄口しょうゆ…小さじ2/3（4cc）
塩…小さじ1/6（1g）

作り方

①絹ごし豆腐は1cm角のさいの目に切り、三つ葉は3cm長さに切る。
②鍋に水と顆粒だしを入れて沸かし、しょうゆを入れ、塩で味を調えて豆腐を加える。
③椀に盛り、三つ葉を散らす。

ノンフライとんかつ定食

少量の油をスプレーで吹きつけ、揚げずに焼くヘルシーとんかつ。油の量が減らせます！ ビタミンDが豊富なきのこ類はカルシウムの吸収を助け、骨粗しょう症予防にも。

662kcal
食塩相当量3.4g
野菜133g

ノンフライとんかつ

材料（2人分）
豚肩ロース肉…2枚（1枚80g）
塩…少々（0.4g）
こしょう…少々（0.2g）
小麦粉（薄力粉）…大さじ1と1/2（14g）
溶き卵…適量
パン粉…大さじ2強（20g）
オリーブ油…大さじ1弱（10g）
ケチャップ…小さじ2（10g）
中濃ソース…大さじ1強（20g）

付け合わせ
キャベツ…1枚（80g）
紫キャベツ…6g
ブロッコリー…30g
トマト…1/7個（20g）

作り方
①豚肉に塩、こしょうで下味をつける。小麦粉をつけ、溶き卵にくぐらせてパン粉をつける。
②オリーブ油をオイルスプレー容器に入れて①に吹きつけ、天板にのせる。180℃に熱したオーブンで10分を目安に加熱する。オイルスプレーがなければ、フライパンに油をひいて焼く。
③鍋にケチャップを入れて温めたら中濃ソースを加え、混ぜながら少し煮詰めてソースをつくる。

付け合わせの作り方
キャベツと紫キャベツは千切りにし、合わせる。ブロッコリーは小房に分け、電子レンジで1分ほど加熱する。トマトはくし形に切る。

おいしくなる調理のコツ!

赤身に脂質が網目状に広がる豚肩ロース肉は、赤身と脂身の境に4～5ヵ所切り目を入れて筋切りしておくと、焼き縮みを防げる。

小松菜ときのこのおひたし

材料（2人分）
小松菜…2株（100g）
にんじん…1/10本（20g）
えのき茸…1/5袋（20g）
しめじ…1/5パック（20g）
A
水…40cc
めんつゆ（4倍濃縮）…小さじ1と2/3（10cc）
みりん…小さじ2/3（4cc）
削り節…ひとつまみ（0.2g）

作り方
①小松菜は3～4㎝長さに、にんじんは千切りに、えのき茸は根元を切り落として3～4㎝長さに切る。しめじは石づきを落とし、手でほぐす。
②湯を沸かし、小松菜は1～2分茹でたら、水に取ってよく絞る。にんじんときのこはさっと湯通しし、ザルにあげる。
③鍋でAをひと煮立ちさせ、②を和える。
④小鉢に③を盛り、削り節をのせる。

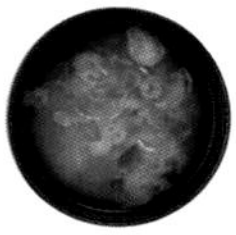

豆腐となめこのみそ汁

材料（2人分）
絹ごし豆腐…40g
なめこ…20g
長ねぎ…10g
水…300cc
和風顆粒だし…小さじ1/2（1.6g）
合わせみそ…大さじ1強（20g）

作り方
①豆腐は1㎝角のさいの目切りに、長ねぎは小口切りにする。
②鍋に水を入れて沸かし、なめこを入れてひと煮立ちさせたら、顆粒だしを入れてみそを溶く。豆腐と長ねぎを入れて火を止める。

白身魚のトマトチーズ焼き定食

カルシウム豊富なチーズとたんぱく質の多い白身魚は、骨を強くする組み合わせです。サラダの主役、じゃがいものビタミンCは熱に強く、丈夫な骨づくりにも欠かせません。

613kcal
食塩相当量3.3g
野菜158g

白身魚のトマトチーズ焼き

材料（2人分）

ほき（切り身）…2枚（1枚80g）

A

- 塩…少々（0.6g）
- こしょう…少々（0.2g）

トマト…1/4個（40g）

たまねぎ…1/5個（40g）

ナチュラルチーズミックス…40g

サラダ油…小さじ1/2（2g）

B

- デミグラスソース（市販）…大さじ2弱（30cc）
- 水…28cc
- 赤ワイン…小さじ1/2（2cc）
- チキンコンソメ…小さじ1/6（0.4g）

ドライパセリまたはパセリのみじん切り…少々（0.2g）

＊白身魚は、たらや鮭などでも代用できる。

付け合わせ

キャベツ…1枚（80g）

さつまいも…70g

ブロッコリー…30g

作り方

①ほきは水気をキッチンペーパーで拭き取り、Aで下味をつけ、1時間なじませる。

②トマトは5㎜厚さの輪切りにし、魚のサイズに合わせて切る。たまねぎは薄切りにする。

③天板にサラダ油をひき、①を並べ、たまねぎ、トマト、チーズの順に重ねる。180〜200℃に熱したオーブンで8〜10分を目安に焼く。

④Bを煮立ててソースをつくる。仕上げにパセリをふる。

付け合わせの作り方

キャベツは千切りにする。さつまいもは乱切りに、ブロッコリーは小房に分けて、それぞれ電子レンジで1分ほど加熱する。

おいしくなる調理のコツ!

淡白な白身魚に、トマトの酸味とチーズのうまみが加わり、風味豊かな味わいに。少し焼き色をつけ、表面をカリッと仕上げる。

根菜入りポテトサラダ

材料（2人分）

じゃがいも…4/5個（80g）

れんこん…30g

きゅうり…10g

にんじん…6g

ウインナー…20g

A

- マヨネーズ（カロリーハーフ）…大さじ1と1/3（16g）
- 塩…小さじ1/6（1g）
- こしょう…少々（0.2g）

作り方

①じゃがいもは皮をむいて適当な大きさに切り、水から茹でてやわらかくなったら熱いうちにつぶし、軽く塩（分量外）をふる。

②れんこんは薄切りにして4分の1に切ったら、湯通しする。きゅうりは薄い半月切りにし、3%の塩水にさらし、軽く水気を絞る。にんじんは千切りにする。ウインナーは輪切りにし、30秒ほど茹でる。

③①は十分に冷ましてから、にんじん以外の②をAと合わせて味を調える。小鉢に盛り、にんじんを飾る。

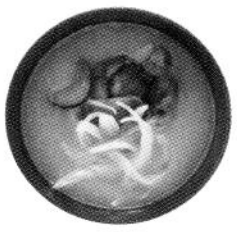

なすとたまねぎのみそ汁

材料（2人分）

なす…2/5本（40g）

たまねぎ…1/5個（40g）

水…300cc

和風顆粒だし…小さじ1/2（1.6g）

合わせみそ…大さじ1強（20g）

作り方

①なすは縦半分に切って斜め薄切りにし、水に1分ほどさらし、水気を切る。たまねぎは薄切りにする。

②鍋に水を入れて沸かし、①を入れてひと煮立ちさせたら、顆粒だしを入れてみそを溶く。

豚肉の竜田揚げ　香味野菜のせ定食

しょうがを“おろし”と“千切り”にするなど、香味野菜の風味を生かし、ポン酢しょうゆでいただきます。副菜のほうれん草には鉄分とβカロテンが豊富で、抗酸化作用などが期待できます。

686kcal
食塩相当量3.7g
野菜166g

豚肉の竜田揚げ 香味野菜のせ

材料（2人分）

豚肩ロース肉…2枚（1枚90g）

A

- 料理酒…小さじ1強（6cc）
- 減塩しょうゆ…小さじ1/3（2cc）
- おろししょうが…2g

かたくり粉…小さじ4（12g）

サラダ油…適量

ポン酢しょうゆ…大さじ2（30cc）

付け合わせ

れんこん…30g

かぼちゃ…60g

トマト…1/5個（30g）

サニーレタス…2枚（20g）

飾り

赤たまねぎ、たまねぎ、水菜、しょうが …各10g

作り方

①豚肉を合わせたAに30分～1時間つけて下味をつける。

②①にかたくり粉をつけて、サラダ油で揚げる。

③ポン酢しょうゆをかける。

付け合わせの作り方

れんこんは薄切りにして茹でて、軽く塩（材料外）をふる。かぼちゃは食べやすい大きさに切って、電子レンジで1分加熱する。トマトはくし形に、サニーレタスは半分にカットする。

飾り用の赤たまねぎとたまねぎは薄切りにし、水にさらして軽く絞る。しょうがは千切りに、水菜は3cm長さに切る。

おいしくなる調理のコツ!

しょうがの香りで揚げ物がさっぱりと食べられる。しょうがには健胃作用があり、消化を助けてくれる。

ほうれん草としめじのおろし和え

材料（2人分）

ほうれん草…大1株（60g）

だいこん…3cm弱（80g）

しめじ…1/5パック（20g）

油揚げ…6g

にんじん…10g

A

- 薄口しょうゆ…小さじ1（6cc）
- みりん…小さじ1（6cc）
- 白だしつゆ…小さじ2/3（4cc）

作り方

①ほうれん草は3～4cm長さに切り、さっと茹でて水に取り、水気を絞る。だいこんはおろして軽く水分を切る。しめじは石づきを落として手でほぐし、さっと湯通しする。油揚げは縦半分に切って短冊切りにし、熱湯をかける。にんじんは3mm角の棒切りにし、1～2分湯通しする。

②①をAで和える。

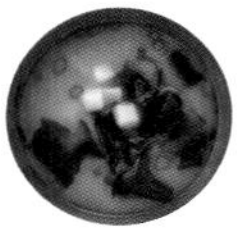

じゃがいもとわかめのみそ汁

材料（2人分）

じゃがいも…2/5個（40g）

わかめ（乾燥）…2g

万能ねぎ…少々

水…300cc

和風顆粒だし…小さじ1/2（1.6g）

合わせみそ…大さじ1強（20g）

作り方

①じゃがいもは1cm角のさいの目切りに、万能ねぎは小口切りにする。わかめは水につけて戻す。

②鍋に水を入れて沸かし、じゃがいもを入れてひと煮立ちさせたら、顆粒だしを入れてみそを溶く。

③椀にわかめを入れて②を注ぎ、万能ねぎを散らす。

揚げさばのバルサミコソース定食

バルサミコ酢特有の豊潤な香りと甘み、コクを生かしたソースで、さばフライがごちそうに！ ぶどうからつくられるバルサミコ酢はポリフェノールが多くアンチエイジング効果も期待。

693kcal
食塩相当量3.2g
野菜141g

揚げさばのバルサミコソース

材料（2人分）
さば（切り身）…2枚（1枚80g）
A
料理酒…小さじ2（10cc）
おろししょうが…1g
塩…少々（0.4g）
かたくり粉…小さじ4（12g）
サラダ油…適量
B
酢…小さじ2（10cc）
バルサミコ酢…小さじ2（10cc）
砂糖…小さじ1強（4g）
減塩しょうゆ…小さじ2（12cc）
おろししょうが…少々（0.8g）
ごま油…小さじ1/2（2g）

付け合わせ
キャベツ…大1枚（100g）
きゅうり…20g
飾り
たまねぎ…20g
パプリカ赤…4g
パプリカ黄…6g

作り方
①さばは胸びれを落とし、合わせたAに1時間ほどつけて下味をつける。余分な水分をキッチンペーパーで拭き取り、かたくり粉をつけてサラダ油で揚げる。
②鍋にBを入れて煮立ったらごま油で香りづけし、ソースをつくる。

付け合わせの作り方
キャベツは千切りに、きゅうりは縦半分に切って斜め薄切りにして、合わせる。飾り用のたまねぎは薄切りにして水にさらし、水気を絞る。パプリカは薄切りにする。

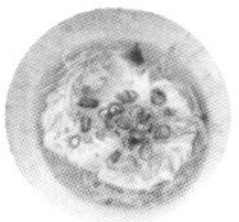

だいこんのかに風味あんかけ

材料（2人分）
だいこん…4cm（120g）
A
白だしつゆ…水の量に対して1：15
水…適量
かに風味かまぼこ…20g
長ねぎ…10g
B
おろししょうが…1g
白だしつゆ…4cc
水…60cc
みりん…小さじ2/3（4cc）
料理酒…小さじ1強（6cc）
かたくり粉…小さじ1/3（1g）
万能ねぎ…少々

作り方
①だいこんは皮をむき、厚さを半分に切り、半月切りにする。鍋にだいこんを入れ、かぶる程度の水を注ぐ。沸騰したら中火で15分下茹でする。竹串がすっと通ったら水に2〜3分さらす。
②鍋にだいこんを入れ、Aの水をひたひたになる量と白だしつゆを加えて沸騰したら、弱火で10分煮る。
③かに風味かまぼこを手でほぐす。長ねぎは粗みじん切りに、万能ねぎは小口切りにする。かたくり粉は2倍量の水で溶いておく。
④鍋にBと長ねぎを煮立てたら、かに風味かまぼこを加えて水溶きかたくり粉でとろみをつける。
⑤小鉢に②を盛り、④をかけて万能ねぎを散らす。

おいしくなる調理のコツ!
さばはおろししょうがや料理酒などを使って下味をつけることで、青魚特有の臭いも消え、おいしく調理できる。

豆腐としめじのみそ汁

材料（2人分）
絹ごし豆腐…60g
しめじ…1/5パック（20g）
水…300cc
和風顆粒だし…小さじ1/2（1.6g）
合わせみそ…大さじ1強（20g）

作り方
①絹ごし豆腐は1cm角のさいの目に切る。しめじは石づきを落とし、手でほぐす。
②鍋に水を入れて沸かし、しめじを入れてひと煮立ちさせたら、顆粒だしを入れてみそを溶き、豆腐を入れる。

ミートボールの酢豚風定食

約250gの野菜が1食で摂れるボリューム満点のメニューです。メタボ予防に効く酢と、物忘れなどの予防に有効なレシチンを含むみそを使った定食は、働き盛りの世代にぴったり。

642kcal
食塩相当量3.9g
野菜248g

ミートボールの酢豚風

材料（2人分）
ミートボール（冷凍）…8個（160g）
たけのこ（水煮）…1/5個（40g）
にんじん…1/5本（40g）
れんこん…60g
たまねぎ…1/3個（60g）
しいたけ…2枚（30g）
サラダ油…小さじ2（8g）
A
水…70cc
顆粒ガラスープの素…小さじ1/4（0.6g）
砂糖…大さじ2弱（20g）
減塩しょうゆ…小さじ1と1/3（8cc）
ケチャップ…小さじ4（20g）
かたくり粉…小さじ1強（4g）
酢…小さじ4（20cc）

付け合わせ
もやし…80g
カリフラワー…60g
枝豆（冷凍）…20g

作り方
①ミートボールは解凍し、170℃に熱したサラダ油（分量外）で揚げる。
②たけのこ、にんじん、れんこんは乱切りに、たまねぎは2cm角に、しいたけは4等分に切る。
③たけのこは湯を沸かし、2～3分茹でる。にんじんとれんこんは軽く水をかけ、ラップをして電子レンジで2～3分加熱する。かたくり粉は2倍量の水で溶いておく。
④フライパンにサラダ油を熱してたまねぎを炒め、香りが出てきたらAを加えて混ぜ、すべての野菜としいたけを入れてしばらく煮る。①を加えてから水溶きかたくり粉でとろみをつけ、酢を入れて混ぜる。

付け合わせの作り方
もやしはさっと茹でて、水気を切る。カリフラワーは小房に分けて、電子レンジで1～2分加熱し、枝豆は解凍する。

海藻サラダ

材料（2人分）
わかめ（乾燥）…4g
海藻ミックス…2g
たまねぎ…1/10個（20g）
水菜…1/5株（40g）
きゅうり…10g
にんじん…6g
青じそドレッシング…20cc

作り方
①わかめ（乾燥）と海藻ミックスは表示通りに水で戻し、水気を絞る。たまねぎは薄切りにして水にさらし、水気を切る。水菜は3cm長さに、きゅうりは縦半分に切って斜め薄切りに、にんじんは千切りにする。
②海藻類とたまねぎを混ぜ合わせる。
③小鉢に水菜ときゅうりとにんじんを合わせて盛り、②をのせてドレッシングをかける。

ほうれん草と麩のみそ汁

材料（2人分）
ほうれん草…大1株（60g）
白切麩…6g
水…300cc
和風顆粒だし…小さじ1/2（1.6g）
合わせみそ…大さじ1強（20g）

作り方
①ほうれん草は3～4cm長さに切り、下茹でする。麩は水に戻し、軽く絞る。
②鍋に水と顆粒だしを入れ、煮立ったらみそを溶き、①を加える。

おいしくなる調理のコツ!
酢豚風は酢を最後に加えることで酸味の効いた味に。マイルドにしたいときは、とろみをつける前に加えて。野菜は大きめにしてよく噛むと、満腹感が得やすい。

サーモンのバジルパン粉焼き定食

強力な抗酸化作用のあるサーモンは、脳や目、肌の健康を維持し、老化を予防する働きも。バジルの香りは減塩の心強い味方です。鉄分やビタミンCなどが豊富なパセリも残さず食べて。

577kcal
食塩相当量3.0g
野菜128g

サーモンのバジルパン粉焼き

材料（2人分）

サーモン（切り身）…2枚（1枚80g）

A

- 塩…少々（0.4g）
- こしょう…少々（0.2g）

B

- パン粉（乾燥）…大さじ3強（10g）
- バジル（乾燥）…0.6g
- オリーブ油…小さじ1/4（1g）

サラダ油…小さじ1（4g）

たまねぎ…10g

茹で卵…1/2個

C

- マヨネーズ（カロリーハーフ）…大さじ2弱（20g）
- ピクルスのみじん切り…6g
- 白ワイン…少々（0.4cc）
- ドライパセリまたはパセリのみじん切り…1g

付け合わせ

キャベツ…1枚（80g）

トマト…1/7個（20g）

にんじん…6g

パセリ…適量

サニーレタス…2枚（20g）

作り方

①サーモンは水気をキッチンペーパーで拭き取り、Aで下味をつけ、30分なじませる。

②混ぜ合わせたBをサーモンの上面にのばして広げる。

③天板にサラダ油をひき、皮目を上にして②をのせて180℃に熱したオーブンで8分を目安に焼く。

④たまねぎはみじん切りにして軽く塩もみし、5分水にさらし、キッチンペーパーで包んで水気を絞る。茹で卵は小さく刻む。

⑤④とCを混ぜ合わせてタルタルソースをつくる。

付け合わせの作り方

キャベツとにんじんは千切りに、サニーレタスはざく切りに、トマトはくし形に切る。パセリを添える。

おいしくなる調理のコツ!

サーモンに塩、こしょうで下味をつけることで、余分な水分を抜き、生臭さを軽減する。皮目をカリッと焼くと香ばしい。

ひじきと大豆の煮物

材料（2人分）

ひじき（乾燥）…10g

つきこんにゃく（黒）…20g

大豆（水煮）…20g

にんじん…1/10本（20g）

ごぼう…1/4本（40g）

A

- 水…60cc
- 和風顆粒だし…少々（0.4g）
- 減塩しょうゆ…小さじ1と1/3（8cc）
- みりん…小さじ2/3（4cc）
- 料理酒…小さじ1弱（4cc）
- 砂糖…小さじ2/3（2g）

作り方

①ひじきを表示通りに水で戻し、10分ほど煮てザルにあげる。つきこんにゃくはさっと湯通しをし、ザルにあげる。にんじんは3㎜角の棒切りに、ごぼうはささがきにし、水に1分さらして水気を切る。

②Aを煮立てたら、ひじき、こんにゃく、ごぼうを入れ、落とし蓋をして弱火で10分煮る。にんじんと大豆を加えてひと煮立ちさせる。

ほうれん草とえのき茸のみそ汁

材料（2人分）

ほうれん草…大きめ1株（60g）

えのき茸…1/5袋（20g）

水…300cc

和風顆粒だし…小さじ1/2（1.6g）

合わせみそ…大さじ1強（20g）

作り方

①ほうれん草は3～4㎝長さに切り、茹でて水気を絞る。えのき茸は石づきを落とし、3～4㎝長さに切る。

②鍋に水を入れて沸かし、えのき茸を入れてひと煮立ちさせたら、顆粒だしを入れてみそを溶く。

③椀にほうれん草を入れ、②を注ぐ。

社内にカフェを作りました

DNPグループでは、食を通して対話が生まれ、気分転換になる環境づくりにも力を注いでいます。その一環として、食堂にカフェが併設されています。8時〜17時30分の間は自由に利用でき、メニューも充実しています。（価格は税抜きです）

デンマーク発祥のオープンサンド「スモーブロー」スタイルのランチ。少しずついろいろ食べたい。そんな欲望を満たしてくれます。100円プラスでドリンク付きに。

Point

1　日替わりランチもあります

ワンプレートで提供する「カフェランチ」を日替わりで用意。主食のパンも曜日で種類が変わり、主菜、サラダ、スープ、デザート付きで470円（限定50食）。大人用のお子様ランチと呼びたくなるほど彩りがよく、ボリュームもあります。

＊提供は11:30〜13:30、無くなり次第終了。

Point

2　フェアトレードコーヒーを提供

社内で提供するコーヒーを2006年からフェアトレード認証製品に切り替え、2018年には100万杯を達成。カフェでもフェアトレードコーヒーが、当たり前のように提供されています。「日々の生活に溶け込めたから、10年以上続けられているのだと思います」と、CSR・環境部の担当者は話します。毎年5月に「フェアトレード月間キャンペーン」を実施するなど、活動は広がっています。

＊「フェアトレード」は、開発途上国の原材料や製品を適正価格で継続的に購入し、立場の弱い生産者や労働者の生活改善と自立を目指す貿易の仕組みです。

レギュラーコーヒーとアイスコーヒーはともに190円。注文後、1杯ずつドリップします。

Point

3　焼きたてパンも豊富です

パンは店内の厨房で発酵させて焼く、というのもこだわりのひとつ。毎日約10種類の焼きたてパンが並びます。人気の定番商品に加えて、2〜3種類が月ごとに入れ替わるので、それを楽しみにする社員もいるほど。ランチが終わるころには、売り切れも続出します。

秋から冬に登場する明太パン（写真左）のほか、定番人気のクロワッサンやアップルパイ。

第2章

栄養士の
オリジナルメニュー

食材や健康のスペシャリストである
栄養士が提案する、定食＆小鉢です。
脳の働きをよくする、疲労回復に効くなど
コンセプト付きでメニューを紹介します。

栄養士は、社員の健康を応援する“サポーター”です

全国のDNPグループの事業所にある全32の社員食堂には、栄養士がいます。各社員食堂で提供している毎日の献立作りはもちろん、年間を通じて、社員の健康維持・増進のために活動しています。

1　新メニューの開発

DNPファシリティサービス本社にあるメニュー企画開発室が設定した年間のテーマに基づき、栄養士たちは新メニューを考案。その中から選ばれたレシピは、改良を経て、社員食堂の新メニューに加わります。そうして誕生した定食と小鉢を54ページから紹介します。

バランスのよい定食

作成のコンセプト

- たんぱく質、脂質、炭水化物をバランスよく摂取すること。
- エネルギーを750kcal以内、食塩相当量を3.5g以内、野菜は120g以上摂る（緑黄色野菜が40g以上入ればなおよい）。
- 比較的安価に購入でき、高たんぱく質・低脂肪のヘルシーな肉として、おすすめは鶏肉。

毎日野菜をプラスワン小鉢

作成のコンセプト

- 野菜には、健康づくりに欠かせないビタミンやミネラル、食物繊維が豊富。
- 「1日に350gの野菜を食べましょう」と言われるが、男性平均290g、女性280g（厚生労働省「平成29年国民健康・栄養調査」）で、野菜不足な人が多い。
- 1日の目標摂取量に足りない70gを小鉢で補おう、という目標を掲げ、野菜70g以上を使ったバラエティに富んだ小鉢を提案する。

2　季節ごとの健康管理の提案

栄養士たちは社員が毎日元気に働けるよう、体調を整える食材やメニューを季節ごとに提案しています。たとえば冬には、体を温める食材やメニューを献立に組み込み、関連情報を献立表などにも掲載。花粉症がつらい春は免疫力アップ、猛暑の夏は夏バテ予防など、ランチを食べながら自然に食と健康の知識が増えるよう、健康意識を高める提案を実践しています。

栄養士が一堂に会し、それぞれが提案した試作を品評し合います。

3　ランチョンセミナーの開催

ランチタイムを活用して「腸を健康にして体の中からキレイに」「アンチエイジング」「ダイエット」「冷えに負けないからだに」など、多くの社員が関心を寄せるテーマで、管理栄養士が講習を行います。テーマに合った、おいしくて栄養バランスのよいランチ弁当を食べながら話を聞けるので、社員にも好評です。

「野菜のチカラ!」というテーマで開催されたランチョンセミナーの様子。各野菜の栄養素、からだによい理由などを管理栄養士が話してくれます。

テーマ「野菜のチカラ!」のときに提供されたランチ弁当。彩り野菜と鶏肉のしょうが炒めなど、栄養バランスも彩りもよいお弁当は人気。

疲労回復に効く
ビタミンB_1強化食

ドライカレー定食

645kcal
食塩相当量3.2g
野菜180g
（緑黄色野菜70g）

ビタミンB_1を豊富に含む豚肉と胚芽米を使った疲労回復定食です。副菜のオクラと長いものネバネバ成分は血糖値の上昇を緩やかにし、胃の粘膜を保護して消化を助ける働きがあります。

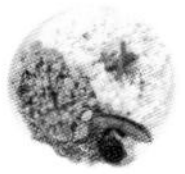

ドライカレー

材料（2人分）

豚ひき肉…100g
豚こま肉…20g
たまねぎ…1/2個（100g）
にんじん…1/10本（20g）
れんこん…20g
トマト…1/7個（20g）
大豆（水煮）…10g
A
　おろしにんにく…少々（0.6g）
　おろししょうが…少々（0.6g）
サラダ油…小さじ1（4g）
B
　赤ワイン…小さじ2（10cc）
　ウスターソース…小さじ2弱（10g）
　ケチャップ…小さじ2（10g）
　水…30cc
　ビーフコンソメ…小さじ2/3（2g）
　カレー粉…0.2g
　カレーフレーク…10g
ブロッコリー…2小房（20g）
かぼちゃ…薄切り2枚（20g）
パプリカ赤…10g
揚げ油…適量
胚芽米…400g（1人前200g）
ドライパセリまたはパセリのみじん切り…少々

作り方

①たまねぎ、にんじん、れんこんはみじん切りに、トマトは大きめの角切りにする。大豆は水気を切る。
②フライパンにサラダ油、Aを入れて弱火で炒め、香りがたったら豚ひき肉と豚こま肉を加えて、ほぐしながら炒める。
③肉の色が変わってきたら、①を加えて炒め、野菜に火を通す。Bを加えてカレーフレークが溶けて全体になじむまで炒め混ぜる。
④ブロッコリーは茹でる。かぼちゃは170℃に熱した油で素揚げする。パプリカは薄切りにしてさっと湯通しする。
⑤皿にご飯を盛り、③をかけて④を飾る。好みでパセリをかける。

おいしくなる調理のコツ!

豚こま肉はいろいろな部位の切れ端の寄せ集めなので、
ひき肉と一緒に使うことでうまみが加わり、食感がよくなる。

長いもとオクラの梅和え

材料（2人分）

長いも…16cm（80g）
オクラ…2本（20g）
梅干し…1/2個（6g）
白だしつゆ…小さじ1/3（2cc）
梅ドレッシング…10cc

作り方

①長いもは千切りにする。オクラは茹でて、3つに斜め切りする。梅干しは小さく刻む。
②長いもとオクラを白だしで和え、梅干しを加えて混ぜる。小鉢に盛り、梅ドレッシングをかける。

トマトと卵スープ

材料（2人分）

トマト…1/5個（30g）
卵…1個
たまねぎ…1/10個（20g）
万能ねぎ…少々
オリーブ油…小さじ1/2（2g）
A
　水…300cc
　チキンコンソメ…小さじ1弱（2g）
塩…小さじ1/5強（1.6g）
こしょう…少々（0.2g）

作り方

①トマトは大きめの角切りに、たまねぎは薄切りに、万能ねぎは小口切りにする。卵は割って溶きほぐす。
②鍋にオリーブ油を入れて熱し、たまねぎを炒めてしんなりしたら、トマトを加えて軽く炒める。Aを加えて沸いたら塩、こしょうで味を調え、最後に溶き卵を入れる。器に注ぎ、万能ねぎを散らす。

743kcal
食塩相当量3.4g
野菜130g
（緑黄色野菜80g）

あじフライ　大豆入りタルタルソース定食

脳の機能を高める食材に注目。あじやくるみは脳の働きを助け、集中力維持に効果のある不飽和脂肪酸を含みます。大豆や豆腐のレシチンは、脳の主要構成成分で脳を活性化させます。

あじフライ　大豆入りタルタルソース

材料（2人分）
あじ（切り身）…2枚（1枚80g）
A
塩…少々（0.2g）
こしょう…少々（0.2g）
溶き卵…適量
小麦粉（薄力粉）…大さじ1弱（8g）
パン粉（乾燥）…大さじ10（30g）
揚げ油…適量
大豆（水煮）…20g
茹で卵…10g
たまねぎ…10g
きゅうりのピクルス…10g
B
マヨネーズ…大さじ1と2/3（20g）
塩…少々（0.2g）
こしょう…少々（0.2g）
白ワイン…小さじ1弱（4cc）
レモン汁…小さじ1弱（4cc）

付け合わせ
キャベツ…1枚（80g）
トマト…1/7個（20g）
レモン…1/7個（20g）
サニーレタス…2枚（20g）

作り方
①あじは水気をキッチンペーパーで拭き取り、Aで下味をつける。
②①に小麦粉、溶き卵、パン粉の順につけ、170°Cに熱した油で揚げる。
③水煮大豆は粗みじん切りに、茹で卵はフォークの背などで潰し、玉ねぎときゅうりのピクルスはみじん切りにする。
④③とBを混ぜ合わせてタルタルソースをつくる。
⑤キャベツは千切りに、トマトとレモンはくし形に切る。
⑥皿に⑤とサニーレタスを付け合わせ、あじフライをのせてタルタルソースをかける。

＊白米360g（1人前180g）を添える

ほうれん草としめじのミックスナッツ和え

材料（2人分）
ほうれん草…2株強（110g）
しめじ…1/3パック（30g）
にんじん…10g
くるみ…8g
ローストピーナッツ（無塩）…2g
A
ピーナッツ和えの素…6g
めんつゆ…小さじ1（6cc）

作り方
①ほうれん草は3〜4cm長さに、にんじんは3mm角の棒切りにする。しめじは石づきを落として手でほぐす。
②①を1〜2分茹でて、水気を切る。
③くるみとピーナッツは乾煎りし、細かく砕いてAと合わせ、②と和える。

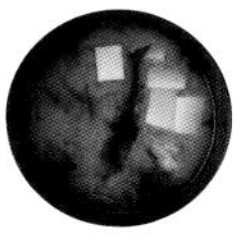

豆腐とわかめのみそ汁

材料（2人分）
絹ごし豆腐…30g
わかめ（乾燥）…1g
長ねぎ…10g
水…300cc
和風顆粒だし…小さじ1/3（1g）
合わせみそ…大さじ1強（20g）

作り方
①絹ごし豆腐は1cm角のさいの目切りに、わかめは水につけて戻す。長ねぎは小口切りにする。
②鍋に水と顆粒だしを入れて沸かし、豆腐とわかめ、長ねぎを入れてひと煮立ちしたら、みそを溶く。

おいしくなる調理のコツ!

切り身のあじは3枚おろしより肉厚なので、中までしっかりと火を通すことが大事。肉厚な分、ふわっとした食感が味わえる。

鶏むね照りマヨ定食

707kcal
食塩相当量3.4g
野菜204g
（緑黄色野菜119g）

揚げた鶏肉をたっぷりの生野菜とサラダ感覚で食べる、健康的で満腹感のある主菜。だしやカロリーハーフのマヨネーズでしっかり味つけすることで、調味料の追加も必要なく減塩に。

鶏むね照りマヨ

材料（2人分）

鶏むね肉…180g
A
　料理酒…大さじ1/2強（8cc）
　塩…少々（0.4g）
　おろしにんにく…2g
　溶き卵…10g
小麦粉（薄力粉）…大さじ2弱（16g）
サラダ油…大さじ1（12g）
B
　濃口しょうゆ…大さじ1弱（16cc）
　砂糖…大さじ1と1/2強（14g）
　みりん…小さじ2/3（4cc）
　料理酒…大さじ1/2強（8cc）
　水…30cc
　和風顆粒だし…少々（0.4g）
水溶きかたくり粉…適量
酢…大さじ1強（16cc）
サニーレタス…2枚（20g）
水菜…1株（30g）
キャベツ…1.5枚（110g）
にんじん…10g
パプリカ赤…6g　パプリカ黄…12g
マヨネーズ（カロリーハーフ）…大さじ2（24g）
白煎りごま…小さじ1/3（1g）

作り方

①鶏むね肉は水気をキッチンペーパーで拭き取り、6等分にそぎ切りする。Aを加えてもみ込み、少し置いておく。
②①の肉に小麦粉をつけて、サラダ油で揚げ焼きにする。
③鍋にBを入れて加熱し、沸騰したら水溶きかたくり粉でとろみをつけ、酢を加えてたれをつくる。②をたれに絡めてなじませる。
④サニーレタスはざく切りに、水菜は3cm長さに、キャベツとにんじんは千切りに、パプリカは薄切りにする。
⑤皿に④の野菜を敷き、③をのせる。パプリカをのせてマヨネーズをかけ、白ごまをふる。
＊白米360g（1人前180g）を添える

おいしくなる調理のコツ!

鶏肉に小麦粉をまぶすことで、パサつきやすいむね肉が堅くなりにくく、たれとのなじみもよくなる。

小松菜としめじのおひたし

材料（2人分）

小松菜…3株弱（140g）
にんじん…10g
しめじ…1/5パック（20g）
刻み油揚げ…12g
A
　めんつゆ…小さじ1と2/3（10cc）
　水…40cc
削り節…1g

作り方

①小松菜は3〜4cm長さに、にんじんは3mm角の棒切りにする。しめじは石づきを落とし、手でほぐす。
②湯を沸かし、小松菜は1〜2分、にんじんは3〜4分、しめじと油揚げはさっと茹でて、水気を切る。
③Aに②を加えて和える。器に盛り、削り節を散らす。

野菜とウインナーのスープ

材料（2人分）

レタス…2/3枚（20g）
たまねぎ…1/10個（20g）
にんじん…10g
ホールコーン（缶詰）…20g
ウインナー…10g
ビーフコンソメ…小さじ1（3g）
水…300cc
塩…小さじ1/5（1.2g）
こしょう…少々

作り方

①レタスはざく切りに、たまねぎは薄切りにして半分の長さに、にんじんは3mm角の棒切りに、ウインナーは乱切りにする。
②鍋に水とたまねぎ、にんじん、ウインナーを入れて加熱し、沸騰したらアクを取り、ビーフコンソメとレタス、コーンを加えてひと煮立ちさせ、塩、こしょうで味を調える。

食物繊維で おなかの調子を整える

鶏肉のきのこあんかけ定食

717kcal
食塩相当量3.4g
野菜167g
(緑黄色野菜57g)

きのこ類やれんこん、ごぼう、わかめに共通して多いのが食物繊維。血糖値の上昇を緩やかにしたり、正常なコレステロール値を保ったり、便通をよくしたりする働きがあります。

鶏肉のきのこあんかけ

材料（2人分）
鶏もも肉…1枚（240g）
A
［料理酒…小さじ1強（6cc）
　塩、こしょう…少々
サラダ油…小さじ1/2（2g）
しめじ、まいたけ…各1/6パック（16g）
だいこん…1cm（30g）
B
［水…40cc
　和風顆粒だし…少々（0.2g）
　砂糖…小さじ1/3（1g）
　みりん、料理酒…各大さじ1/2（8cc）
　濃口しょうゆ…小さじ1（6cc）
かたくり粉…小さじ2/3（2g）
三つ葉…4g

付け合わせ
キャベツ…3/4枚（60g）
小松菜…40g
さつまいも…60g
トマト…1/7個（20g）
C
［めんつゆ…小さじ2/3（4cc）
　細切り昆布…1g

作り方
①鶏肉は半分に切って厚みをそろえる。水気をキッチンペーパーで拭き取り、Aをもみ込んで30分～1時間おく。フライパンにサラダ油を熱し、鶏肉の皮目を下にして強火で焼く。天板に皮目を上にして並べ、160°Cに温めたオーブンで10分を目安に焼く（竹串を刺して透明な肉汁が出てくれば火が通っている目安）。
②しめじとまいたけは手でほぐす。だいこんはおろし、軽く水気を切る。かたくり粉を2倍量の水で溶く。三つ葉は2cm長さに切る。
③鍋にBを入れて煮立ったら、しめじとまいたけを加えてひと煮立ちさせる。水溶きかたくり粉でとろみをつけ、だいこんおろしを加え混ぜる。
④器に①を盛り、③をかけて、三つ葉を飾る。
⑤キャベツは短冊切りに、小松菜は4cm長さに切り、さっと茹でる。水気を切り、Cと和える。さつまいもは乱切りにして茹でて、軽く塩（分量外）をふる。トマトはくし形に切る。それぞれを④に添える。

＊白米360g（1人前180g）を添える

根菜のシャキシャキしそ風味サラダ

材料（2人分）
れんこん…30g
ごぼう…1/5本（30g）
にんじん…1/10本（20g）
プレスハム…20g
大葉…2/5枚（1g）
切り干しだいこん…10g
A
［水…80cc
　白だしつゆ…小さじ1弱（5cc）
B
［赤じそふりかけ…少々（0.6g）
　マヨネーズ…大さじ2と1/2（30g）

作り方
①れんこんは半月切りに、ごぼうはささがきに、にんじんは3mm角の棒切りに、ハムは半分に切って細切りに、大葉は千切りにする。切り干しだいこんは水で30分戻し、食べやすい長さに切る。
②れんこん、にんじんは水から2～3分、ごぼうと切り干しだいこんは水から5分茹でる。熱いうちにAと和え、冷めてからハムを加え混ぜる。
③Bに②を加えて混ぜる。器に盛り、大葉を散らす。

おいしくなる調理のコツ!

きのこ類はうまみや香りが強いので、減塩しても満足感を得られやすい。ただし、煮込みすぎると風味が飛ぶので気をつけて。

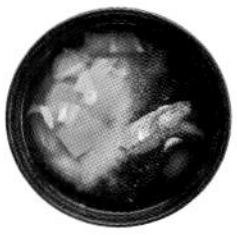

白菜とわかめのみそ汁

材料（2人分）
白菜…3/5枚（60g）
わかめ（乾燥）…2g
かぼちゃ…30g
水…300cc
和風顆粒だし…小さじ1/3（1g）
合わせみそ…大さじ1強（20g）

作り方
①白菜は短冊切りに、かぼちゃは1.5cm角に切る。わかめは水につけて戻す。
②鍋に水と白菜（軸のほう）、かぼちゃを入れてひと煮立ちさせる。顆粒だしと白菜（葉先）、わかめを加えてみそを溶く。

737kcal
食塩相当量3.5g
野菜245g
(緑黄色野菜90g)

チキン焼南蛮　豆腐タルタルソース定食

低脂肪･高たんぱくな鶏むね肉を、揚げずに焼いたヘルシーなチキン南蛮。タルタルソースには豆腐を使い、カロリーダウンしました。ふわっと優しい口当たりが甘酢たれと合います。

チキン焼南蛮

材料（2人分）
鶏むね肉…200g
料理酒…小さじ1弱（4cc）
塩…0.6g
こしょう…0.2g
溶き卵…10g
小麦粉（薄力粉）…大さじ1強（10g）
サラダ油…小さじ1（4g）
A
- 砂糖…小さじ2（6g）
- みりん…大さじ1（18cc）
- 濃口しょうゆ…大さじ1（18cc）
- 水…20cc

酢…大さじ1弱（14cc）
水溶きかたくり粉…適量

作り方
①鶏むね肉の表面をフォークで数ヵ所刺し、半分に切る。料理酒にひと晩つけ込む。
②①の水分を軽く拭き取り、塩、こしょうをふる。溶き卵をつけ、小麦粉をはたく。
③フライパンに油をひき、②を皮目を下にして焼く。焼き色がついたらひっくり返して耐熱皿に移し、160～170°Cに温めたオーブンに入れて10分を目安に焼く。
④鍋に、Aを入れて加熱し、水溶きかたくり粉でとろみをつけて火を止め、酢を入れて甘酢たれをつくる。

＊白米360g（1人前180g）を添える

付け合わせとソース

豆腐タルタル

材料
木綿豆腐…16g
茹で卵…1/2個
たまねぎ…40g
A
- マヨネーズ…大さじ1（12g）
- 塩…小さじ1/3（2g）
- 酢…小さじ1弱（3cc）
- 砂糖、こしょう…各少々

作り方
①木綿豆腐を水切りし、ボウルに入れてつぶす。茹で卵をみじん切りする。たまねぎをみじん切りにし、塩少々（分量外）でもみ、水洗いする。
②豆腐の入ったボウルに、茹で卵、たまねぎ、調味料Aを加えて混ぜ合わせる。

もやし・豆苗ソテー

材料
もやし…70g
豆苗…60g
サラダ油…小さじ1/2（2g）
塩…少々
濃口しょうゆ…小さじ1/2（3cc）
ごま油…小さじ1/2（2g）

作り方
フライパンに油を熱し、もやし、豆苗を入れて塩をふり、さっと炒める。鍋肌にしょうゆを入れて炒め合わせ、最後にごま油を加えて香りをつける。

添え物

作り方
キャベツ80gを千切りにする。サニーレタス20gを手でちぎる。茹でたかぼちゃ50gに好みで塩をふる。

イタリアンマリネ

材料（2人分）
なす…60g
きゅうり…60g
ミニトマト…2個（20g）
サラダ油…適量
イタリアンドレッシング…24cc

作り方
①なすときゅうりを乱切りにする。なすは水に1分さらしてアクを抜く。ともに水気を拭いて、170°Cに熱した油で揚げる。
②1/4にカットしたミニトマトと①をイタリアンドレッシングで和える。

コンソメスープ

材料（2人分）
水菜…10g
ミニトマト…2個（20g）
ビーフコンソメ…3g
水…320cc
塩、こしょう…各少々

作り方
鍋に湯を沸かし、ビーフコンソメを加え、塩、こしょうで味を調える。器に、湯むきして1/4に切ったミニトマトを入れてスープを注ぎ、最後に食べやすい長さに切った水菜を飾る。

おいしくなる調理のコツ!

鶏むね肉はカロリーが少ない分、ぱさつきがち。包丁やフォークで表面に傷をつけて筋肉の繊維を断ち切ると、ジューシーに仕上がる。

彩りのよい盛りつけで食欲アップ

707kcal
食塩相当量3.5g
野菜133g
（緑黄色野菜53g）

タンドリーチキンのサラダ仕立て ヨーグルトドレッシングソースがけ定食

栄養バランスはもちろん、料理は見た目も大事。彩りの基本「赤・黄・緑」を取り入れた視覚効果で、食欲がわく盛りつけに。ご飯はビタミンB_1、E、食物繊維が豊富な胚芽米を使用。

タンドリーチキンのサラダ仕立て ヨーグルトドレッシングソースがけ

材料（2人分）

鶏もも肉…1枚（240g）

A

- プレーンヨーグルト…28g
- タンドリーチキン粉…10g

サラダ油…小さじ1/2（2g）

サニーレタス…4枚（40g）

きゅうり…3/10本（30g）

キャベツ…3/4枚（60g）

にんじん…6g

ミニトマト…4個（40g）

B

- プレーンヨーグルト…30g
- オリーブ油…小さじ2（8g）
- 塩…少々（0.6g）

作り方

①鶏もも肉は水気をキッチンペーパーで拭いて6等分にし、Aに30分以上つけ込む。

②天板にサラダ油をひき、①を並べて160〜170°Cに温めたオーブンで10分を目安に焼く。

③サニーレタスはざく切りに、きゅうりは縦半分に切って斜め薄切りに、キャベツとにんじんは千切りに、ミニトマトは半分に切る。

④Bを混ぜ合わせてソースをつくる。

⑤皿に③の野菜を敷き、タンドリーチキンをのせてソースをかける。

＊胚芽米360g（1人前180g）を添える。

おいしくなる調理のコツ!

タンドリーチキンの下に敷く野菜は、形状をそろえると野菜同士が絡みやすくなってかさが増し、口当たりもよい。

みかんと春雨の酢の物

材料（2人分）

春雨（乾燥）…16g

海藻サラダ（乾燥）…2g

きゅうり…3/10本（30g）

みかん（缶詰）…8粒（40g）

A

- すし酢…大さじ2と2/3（40cc）
- みりん…大さじ1強（20cc）

作り方

①春雨は表示通りに熱湯で茹でて戻し、5cm長さに切る。海藻サラダは水で戻す。きゅうりは輪切りにし、3%塩水につけて水気を絞る。

②①を合わせてAで和える。器に盛り、みかんを飾る。

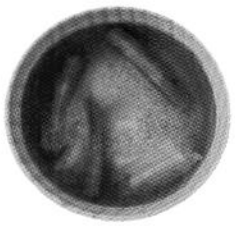

だいこんといんげんのみそ汁

材料（2人分）

だいこん…1.5cm（40g）

いんげん…2本（20g）

水…300cc

和風顆粒だし…小さじ1/3（1g）

合わせみそ…大さじ1強（20g）

作り方

①だいこんはいちょう切りに、いんげんは筋を取って食べやすい長さに切る。

②鍋に水とだいこん、いんげんを入れてひと煮立ちさせる。顆粒だしを加えてみそを溶く。

若々しさを手助けする バランスフード

670kcal
食塩相当量3.0g
野菜190g
（緑黄色野菜30g）

鶏肉と豆腐のキムチ炒め定食

高たんぱく･低脂肪な鶏肉と、女性ホルモンに似た働きをもつ豆腐の組み合わせ。キムチを使うことで味つけが簡単で野菜もプラスしやすく、栄養バランスのよいメニューになります。

鶏肉と豆腐のキムチ炒め

材料（2人分）

鶏もも肉…100g
木綿豆腐…3/5丁（180g）
たけのこ（水煮）…1/5個（40g）
にんじん…1/10本（20g）
白菜…4/5枚（80g）
にら…20g
白菜キムチ…60g
しめじ…1/5パック（20g）
卵…1個
ごま油…小さじ1/2（2g）
サラダ油…小さじ1/2（2g）
キムチの素…10g
キャベツ…1と1/4枚（100g）

作り方

①鶏もも肉は一口大に切る。豆腐は水切りし、一口大に切る。たけのことにんじんは短冊切りに、白菜はそぎ切りに、にらは3cm長さに、白菜キムチは食べやすい大きさに切る。しめじは石づきを落とし、手でほぐす。
②ごま油小さじ1/4を熱したフライパンに溶き卵を入れて炒り卵をつくり、皿に取り出す。
③フライパンにサラダ油を熱して鶏もも肉を皮目を下にして焼き、表面全体に焼き色がついたら豆腐、たけのこ、にんじん、白菜（軸のほう）、しめじ、白菜キムチを加えて炒める。野菜に火が通ったら、キムチの素を加え混ぜ、白菜（葉先）とにらを加えてさっと炒め合わせる。ごま油小さじ1/4を入れて香りづけし、最後に②を戻し入れて全体になじませる。
④キャベツは短冊切りにし、沸かした湯で30秒茹でて粗熱を取る。
⑤皿に④を敷き、③を盛る。

＊白米360g（1人前180g）を添える

もやしとじゃがいもの和え物

材料（2人分）

もやし…1/6袋（40g）
じゃがいも…1/2個（60g）
パプリカ（赤・黄）…各10g
青じそドレッシング…20cc

作り方

じゃがいも、パプリカは細切りにする。湯を沸かし、じゃがいも、もやし、パプリカの順に入れてさっと茹でる。水気を切り、青じそドレッシングと和える。

春雨スープ

材料（2人分）

春雨（乾燥）…5g
わかめ（乾燥）…2g
A
［水…300cc
　塩だれ…小さじ2（10cc）
かたくり粉…小さじ2/3（2g）
ごま油…少々（0.6g）
白煎りごま…適量

作り方

①わかめは水につけて戻す。かたくり粉を2倍量の水で溶く。
②鍋にAを入れて煮立ったら、春雨を加えてやわらかくなるまで煮る。わかめを入れて火を止め、水溶きかたくり粉でとろみをつけ、ごま油で香りづけする。ごまを散らす。

おいしくなる調理のコツ！

鶏もも肉は皮目から先に焼くことで、皮が縮んではがれたり、形が崩れたりするのを防ぎ、きれいな焼き色がつく。

疲れた体を元気にする
スタミナ食

豚ロースのしょうが焼き定食

748kcal
食塩相当量3.1g
野菜176g
（緑黄色野菜31g）

豚ロース肉にはビタミンB_1が豊富に含まれています。しょうがやたまねぎと炒めると、疲労回復や新陳代謝の促進が期待できます。わかめやしめじと食べ合わせることで高血圧の予防にも。

豚ロースのしょうが焼き

材料（2人分）

豚ロース肉…6枚（240g）
たまねぎ…1/2個（100g）
にんじん…1/10本（20g）
ピーマン…1/2個（16g）
A
しょうゆ…大さじ1弱（16cc）
砂糖…小さじ1弱（2.4g）
おろししょうが…10g
料理酒…大さじ1と2/3（24cc）
みりん…大さじ1弱（16cc）
かたくり粉…大さじ1強（10g）
サラダ油…大さじ1強（14g）
水溶きかたくり粉…適量
キャベツ…1と1/4枚（100g）
トマト…1/7個（20g）

作り方

①Aを合わせてたれをつくる。豚ロース肉をたれの半量に30分〜1時間つけ込む。
②たまねぎはくし形切りに、にんじんは太めの千切りに、ピーマンは千切りにする。
③フライパンにサラダ油半量をひき、にんじん、たまねぎ、ピーマンの順に加えて炒めたら、皿に取り出す。
④①の肉にかたくり粉をつける。フライパンに残りのサラダ油をひき、肉を入れて両面を焼く。火が通ったら、残しておいたたれを加えて焼く。肉を取り出し、③の野菜を戻し入れてさっと炒めたら、水溶きかたくり粉でとろみをつける。
⑤キャベツは千切り、トマトはくし形に切る。
⑥皿に⑤を盛り、④の肉をのせて野菜のあんをかける。

＊胚芽米360g（1人前180g）を添える。

わかめときゅうりの酢の物

材料（2人分）

わかめ（乾燥）…4g
きゅうり…1/2本（50g）
まいたけ…1/6パック（16g）
にんじん…6g
かに風味かまぼこ…16g
A
酢…大さじ1と1/3（20cc）
白だしつゆ…小さじ1/3弱（1.2cc）
みりん…大さじ1/2強（10cc）
砂糖…小さじ2（6g）

作り方

①わかめは水につけて戻す。きゅうりは輪切りにし、3%の塩水につけて水気を絞る。まいたけはほぐして湯通しする。にんじんは千切りにして、塩もみし、流水でよく洗って水分をとる。かに風味かまぼこはほぐす。
②①をAと和える。

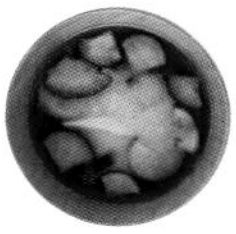

なすとしめじのみそ汁

材料（2人分）

なす…2/5本（40g）
しめじ…1/5パック（20g）
水…300cc
和風顆粒だし…小さじ1/3（1g）
合わせみそ…大さじ1強（20g）

作り方

①なすはいちょう切りにし、水にさらして水気を切る。しめじは石づきを落としてほぐす。
②鍋に水を沸かし、①を加えてひと煮立ちしたら、顆粒だしを入れてみそを溶く。

おいしくなる調理のコツ!

豚肉を焼く前にかたくり粉をつけるのがポイント。
下味のうまみを閉じ込め、たれも絡みやすくなり、ワンランク上の味に。

毎日野菜をプラスワン 小鉢

1日に摂りたい野菜の量は350ｇ。けれど平均して70ｇ足りていません。不足分を手軽に補えるよう、野菜を70ｇ以上使った小鉢をご紹介します。

小松菜も小エビもカルシウムが豊富。イライラを解消し、集中力を高めます

小松菜と小エビの和風あんかけオムレツ

89kcal
食塩相当量0.7g
野菜70g

材料（2人分）

卵…2個
小松菜…1.5株（70g）
長ねぎ…1/5本（20g）
小エビ（乾燥）…5g
塩、こしょう…各少々
A
- 濃口しょうゆ…小さじ1/3（2cc）
- みりん…小さじ2/3（4cc）
- 料理酒…小さじ1強（6cc）
- だし汁…20cc

水溶きかたくり粉…適量
キャベツ…50g
白だしつゆ…小さじ1/3（2cc）

作り方

①長ねぎは縦半分に切って3mm幅の斜め薄切りにする。小松菜は4cm長さに切って茹で、水気を絞る。
②卵黄と卵白を別になるよう卵を割り、卵白の1/3は泡だて器で攪拌し、メレンゲ状にする。残りは卵黄と一緒にして混ぜる。
③混ぜた卵に、①と小エビ4gを加え混ぜ、塩、こしょうをする。メレンゲ状の卵白を入れてさっくりと混ぜ合わせる。
④耐熱皿に円形の型をのせ、③を流し込む。160～180°Cに温めたオーブンで5分ほど焼く。
⑤鍋に、Aを入れて加熱し、煮立ったら水溶きかたくり粉でとろみをつけてあんをつくる。
⑥キャベツは短冊切りにし、沸騰した湯で30秒ほど茹でて、白だしつゆで味をつける。
⑦器に⑥を敷き、④をのせてあんをかけ、小エビ1gを飾る。

血行をよくし、代謝を上げてくれる根菜で身体を内側から温めましょう

根菜のそぼろ煮

106kcal
食塩相当量0.7g
野菜72g

材料（2人分）

だいこん…1/10本（90g）
にんじん…10g
れんこん…20g
ごぼう…20g
合いびき肉…30g
グリンピース（冷凍）…4g
おろしにんにく…少々（1.6g）
おろししょうが…少々（1.6g）
サラダ油…小さじ1（4g）
A
- 料理酒…小さじ2弱（8cc）
- 砂糖…小さじ2（6g）
- 和風顆粒だし…小さじ1/3強（1.2g）
- 水…80cc

しょうゆ…小さじ1と1/3（8cc）
かたくり粉…小さじ1強（4g）

作り方

①だいこんとにんじん、れんこん、ごぼうは小さめの乱切りにし、さっと湯通しする。グリンピースはさっと茹でる。2倍量の水でかたくり粉を溶く。
②鍋にサラダ油とにんにく、しょうがを入れて弱火で熱し、香りが立ったら合いびき肉を入れてほぐしながら炒める。肉の色が変わったらAを入れて混ぜ、だいこん、にんじん、れんこん、ごぼうを入れて煮込む。
③根菜に火が通ったら、しょうゆを入れて混ぜ、水溶きかたくり粉でとろみをつける。小鉢に盛り、グリンピースを散らす。

整腸作用とコレステロール排出に一役

緑黄色野菜で抗酸化力アップ

生野菜の食感を楽しんで満腹に

オクラのネバネバ成分は水溶性食物繊維で整腸作用を促し、コレステロールを排出

オクラと鶏肉のなめ茸和え

40kcal
食塩相当量1.0g
野菜70g

材料（2人分）

オクラ…14本（140g）
サラダチキン（市販）…20g
なめ茸（市販）…10g
白だしつゆ…小さじ1と2/3（10cc）

作り方

①オクラは茹でて小口切りにする。サラダチキンは手でほぐす。
②オクラと白だしつゆを混ぜ合わせ、小鉢に盛り、サラダチキンとなめ茸をのせる。

緑黄色野菜はβカロテンの宝庫。高い抗酸化作用で美肌や疲れ目に効きます

小松菜の柚子こしょうマヨ和え

124kcal
食塩相当量0.6g
野菜75g

材料（2人分）

小松菜…2.5株（120g）
にんじん…10g
たまねぎ…10g
トマト…10g
A
マヨネーズ…大さじ2強（30g）
柚子こしょう…小さじ1/6（1g）
B
濃口しょうゆ…小さじ2/3（4cc）
酢…大さじ1弱（14cc）
好みでパプリカパウダー、
ブラックペッパー（粗びき）…各少々

作り方

①小松菜は3～5cm長さに切って茹で、水気を絞る。にんじんは千切りに、たまねぎは薄切りにして水にさらし、水気を切る。トマトは1cm角のさいの目に切る。
②Aを混ぜ合わせたボウルに、Bを加えて混ぜ合わせる。小松菜、にんじん、たまねぎを加えて和える。
③小鉢に②を盛ってトマトを飾り、パプリカパウダーとブラックペッパーをふりかける。

生野菜のシャキシャキ感が楽しい即席漬け。塩昆布と梅干しが味の決め手です

白菜の梅塩昆布ナムル風

45kcal
食塩相当量0.6g
野菜70g

材料（2人分）

白菜…1.5枚（140g）
塩昆布…3g
梅干し…2/3個（8g）
ごま油…小さじ1（4g）
A
白煎りごま…小さじ1強（4g）
削り節…1g

作り方

①白菜は短冊切りにし、2%濃度の塩水につける。流水で軽く洗って水気を切ったら、キッチンペーパーでよく拭き取る。塩昆布と梅干しは粗く刻む。
②白菜をごま油で和え、塩昆布と梅干しをよく混ぜ合わせる。
③②にAを加えて混ぜ合わせる。

ささっと作れる減塩レシピ

疲労を和らげ、血管を丈夫に

免疫力を高める食べ合わせ

塩分1g未満でも物足りなさはゼロ! ドレッシングで和えるだけのお手軽メニュー

カリフラワーと枝豆のさっぱりマリネ

97kcal
食塩相当量0.6g
野菜95g

材料(2人分)

カリフラワー…1/3株弱(140g)
むき枝豆(冷凍)…20g
にんじん…10g
パプリカ黄…1/7個(20g)
かに風味かまぼこ…10g
イタリアンドレッシング…30cc

作り方

①カリフラワーは小房に分けて茹でる。にんじんは3㎜角の棒切りにして3分茹でる。パプリカは薄切りにする。かに風味かまぼこは手でほぐす。
②①と解凍した枝豆をイタリアンドレッシングで和えて、小鉢に盛る。

疲労回復におすすめの組み合わせ。アスパラガスはビタミンCの吸収を高めます

アスパラベーコン炒め

136kcal
食塩相当量1.5g
野菜123g

材料(2人分)

アスパラガス…2.5本(50g)
ベーコン…30g
たまねぎ…1/3個(60g)
パプリカ赤…1/10個(16g)
キャベツ…3/4枚(60g)
もやし…1/4袋(60g)
サラダ油…小さじ1(4g)
中華炒めだれ…16g
水溶きかたくり粉…適量

作り方

①アスパラガスは斜め薄切りに、ベーコンは1㎝幅の短冊切りに、たまねぎは1㎝幅の細切りに、パプリカは薄切りに、キャベツは1.5㎝幅の短冊切りにする。
②湯を沸かし、もやし、キャベツ、アスパラガスの順にさっと茹でる。
③サラダ油を熱してベーコンを炒め、香りが出てきたらたまねぎを入れる。色が変わったら、アスパラガス、キャベツ、パプリカの順に入れて炒め、中華炒めだれを加えて炒め合わせ、水溶きかたくり粉でとろみをつける。
④小鉢にもやしを敷き、③を盛る。

花野菜とはブロッコリーやカリフラワーのことで、アンチエイジングの味方

花野菜のさっぱりごまマヨ和え

125kcal
食塩相当量0.6g
野菜85g

材料(2人分)

ブロッコリー…1/4株(80g)
カリフラワー…1/12株(40g)
キャベツ…1/4枚(20g)
サニーレタス…2枚(20g)
かに風味かまぼこ…20g
ホールコーン(缶詰)…10g
A
　フレンチドレッシング…8cc
　マヨネーズ…小さじ2(8g)
　ごまドレッシング…16cc
　白すりごま…小さじ1/2(2g)
　レモン汁…小さじ1/2(2cc)

作り方

①ブロッコリーとカリフラワーは小房に分けて茹でる。キャベツは千切りに、サニーレタスは器に合わせた大きさに切る。かに風味かまぼこは手でほぐす。
②小鉢にサニーレタス、キャベツを盛り、その上にブロッコリーとカリフラワーをのせて混ぜ合わせたAをかけ、かに風味かまぼことコーンを飾る。

“旬”を味わう、年間イベントを実施!

社員食堂では月に一度、イベントメニューが登場します。季節を感じて味わうことは、社員のモチベーションアップにつながると考えているからです。また、話題づくりにもなり、社員同士の会話が始まることもあります。
2019年度の一例を挙げると、こんな様子でした。

4月
新年度応援!
活力メニューフェア

「ジャンボハンバーグ」
新入社員が活力をつけられるよう、安価でボリュームのあるメニューを提供。

7月
土用の丑の日フェア

「うな丼」「うな重」
上質な国産、または輸入うなぎを使用。食材をムダにしないよう、事前予約制。

12月
クリスマスメニュー

「ステーキピラフ」
クリスマスに合わせたイベントメニュー。

1月
梅干しとかまぼこを
日の出に見たてた

お正月で疲れた胃に優しい
年明けうどん

材料(2人分)
うどん…2玉(冷凍でも茹でうどんでも)
しいたけの煮物…2枚
エビの天ぷら…2本
乾燥カットわかめ(水で戻す)…2g
長ねぎ(小口切り)…20g
だいこん(おろす)…2cm強(80g)
かまぼこ(薄切り)…4切れ
大葉…2枚
梅干し(タネなし)…2個
A
めんつゆ(3倍濃縮)…160cc
水…480cc
みりん…小さじ2(12g)
料理酒…小さじ1(5g)

作り方
①鍋にAを煮立ててつゆをつくる。塩味が足りなければ、しょうゆ(材量外)で味を調える。
②うどんが冷凍なら茹でる。茹でうどんなら、①に加えて加熱する。
③器にうどんを盛り、大葉、だいこんおろし、わかめ、梅干し、しいたけの煮物、かまぼこ、エビの天ぷらをのせて①をかける。最後にねぎをのせる。

第3章

東北応援メニュー

東日本大震災の復興支援活動として、
被災地の“ご当地名物メニュー”を定期的に、
ランチで提供し、売上金の一部を寄付しています。
食を通して被災地に思いを届ける取り組みです。

「東北応援メニュー」を続けています

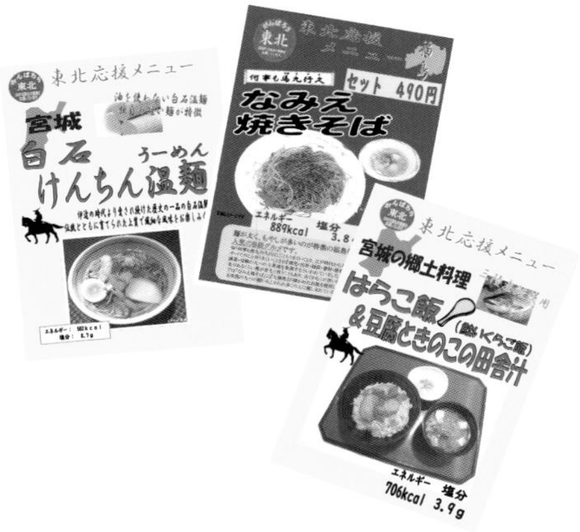

2011年3月に発生した東日本大震災。DNPグループでは、復興支援の一環として、全国の社員食堂で「東北応援メニュー」をその年の7月より提供し、売り上げの一部を寄付しています。「社員誰もが等しく参加できる形で被災地を継続的に応援したい」。そんな思いから始まった支援の取り組みについて、ご紹介します。

1　「東北応援メニュー」って何?

とくに被害の大きかった岩手・宮城・福島の郷土のグルメを地元食材を使い、「東北応援メニュー」として定期的に全国の社員食堂で提供しています。「地元から食材を仕入れることも復興支援になるとの思いから、主要食材は現地からずっと仕入れ続けています。震災直後は、メーカーの担当者さんとなかなか連絡が取れず、大変でした。また、地域のみなさんが慣れ親しんだ味になっているのか、最初は気がかりでした。幸い東北にも弊社の営業所があり、現地の社員に試食を重ねてもらいました。今でも本場の味にこだわって作っています」とのこと。

これまで提供してきたのは15メニュー。なかでも人気の5つのレシピと、このメニューを作る上では欠かせない、地元食材を80ページからご紹介していきます。

これまで作った「東北応援メニュー」

岩手県

- 盛岡冷麺
- 盛岡温麺
- 菜彩鶏のみそ焼き丼
- 菜彩鶏の塩ダレ丼
- 盛岡じゃじゃ麺　卵スープ付
- 姫ほたての炊き込みご飯＆ひっつみ汁

宮城県

- サバだしラーメン
- 海鮮めかぶ丼（オクラ入）
- 海鮮めかぶ納豆丼
- はらこ飯&豆腐ときのこの田舎汁
- けんちんうーめん
- 石巻焼きそば

福島県

- 喜多方ラーメン
- 会津ソースカツ丼
- なみえ焼そば　野菜たっぷりスープ付

東北応援メニューは、「ライブメニュー」として定期的に提供されています。

2　どんな形で役立っているの？

DNPは祖業である出版印刷に関連の深い「次世代育成」の取り組みに、寄付を続けています。2011年度から2014年度は、被災学校図書館・公共図書館の復興活動に寄付をしました。学校図書館で生徒の学習に役立つ蔵書や、公共図書館の蔵書棚などの購入に役立てられました。2015年度は、上記に加え、本が借りられない仮設住宅をまわる移動図書館の活動にも支援を広げました。

2016年度からは、上記の活動が終了したため、「ソフト（＝人）の復興支援も」と考え、子どもの教育支援を行う「公益社団法人チャンス・フォー・チルドレン」に寄付しています。被災し、希望する学校外教育を受けられない小学生から高校生に対し、スタディクーポン（利用券）を提供。子どもたちはクーポンを使うことで、塾や習い事、予備校、体験活動などに参加し、将来の希望する進路へ向かうことができます。

復興の段階に合わせて支援先を選び、子どもの成長を支え、被災地の長期的な復興につなげています。

2018年2月、DNPグループの取り組みに「チャンス・フォー・チルドレン」から感謝状が贈られた。

＼＼こんな活動も！／／

特産品の販売や他の自然災害での実施

2011～2012年、全国各地の社内売店で、岩手県・宮城県・福島県の特産品を取り寄せて販売。社員食堂での出張販売も行い好評でした。また、2015年度には、東京・市谷の体験型複合施設「DNPプラザ」で、施設を訪れる生活者の方も購入可能な「復興応援マルシェ」を実施し、宮城県の物産販売の支援を行いました。また、熊本地震や令和元年台風19号、インドネシア・スラウェシ島津波など、他の国内外の大規模自然災害の発生時にも実施しています。

福島県

なみえ焼そば定食

889kcal
食塩相当量3.9g

具材はシンプルに、麺と同量のもやしと豚肉しか使わないのが、なみえ焼そばです。
栄養バランスを考えて、定食では具だくさんスープを添えています。

なみえ焼そば

材料（2人分）

なみえ焼そば（市販）…2袋（140g入り）
なみえ焼そばソース（麺に添付）…2袋
豚こま切れ肉…100g
もやし…1袋（280g）
紅しょうが…20g
青のり…ひとつまみ（1g）
七味唐辛子…適量
サラダ油…大さじ1（12g）

作り方

①フライパンにサラダ油をひき、豚肉を炒める。焼き色がついたら、もやしを加えて軽く炒める。電子レンジで30秒ほど加熱し、ほぐした麺を加えて炒め合わせる。
②ソースを加えて炒め合わせる。
③皿に盛り、青のりをかけ、紅しょうがを添える。好みで七味唐辛子をかける。

スープ

材料（2人分）

ブロッコリー（茹でる）…1/5株（60g）
カリフラワー（茹でる）…30g
にんじん（乱切り）…1/5本（40g）
たまねぎ（薄切り）…1/10個（20g）
キャベツ（短冊切り）…1/4枚（20g）
じゃがいも（乱切り）…1/4個（25g）
ベーコン（こま切れ）…10g
ビーフコンソメ…3cc　水…300cc
サラダ油…小さじ1/4（1g）

作り方

①鍋にサラダ油をひき、弱火でベーコン、たまねぎを加えてしんなりするまで炒める。にんじんとじゃがいも、水を加えて煮る。
②沸騰したらアクを取り、コンソメを加える。
③野菜に火が通ったら、キャベツとブロッコリー、カリフラワーを加え、ひと煮立ちさせる。

宮城県

けんちんうーめん

白石市に江戸時代から伝わる、小麦粉と水と塩だけでつくられる、体に優しい乾麺です。9㎝という麺の短さも特長で、つるっと食べやすい喉ごしのよさはこの長さならでは。

502kcal
食塩相当量8.7g

けんちんうーめん

材料（2人分）

白石温麺（乾麺）…200g（2束）
白こんにゃく…40g
白だしつゆ…大さじ1強（20cc）
鶏もも肉…50g
ごぼう…1/4本（40g）
カットしいたけ（乾燥）…4g
にんじん…10g
A
［めんつゆ（10倍濃縮）…60cc
　水…600cc
赤かまぼこ（薄切り）…2枚
茹で卵…1個
長ねぎ…10g
好みでおろししょうが…10g

作り方

①沸騰した湯に短冊切りにしたこんにゃくを入れ、再沸騰したら、ザルにあげる。白だしつゆで約10分煮る。
②鍋にAと一口大に切った鶏肉を入れて煮る。沸騰したら、ささがきにしたごぼう、水で戻したしいたけ、短冊切りにしたにんじん、①を入れてひと煮立ちさせる。
③麺を表示通り茹でる。
④器に③を入れ、②の具材をのせ、つゆを注ぐ。赤かまぼこ、半分に切った茹で卵、小口切りの長ねぎ、しょうがをのせる。

ご当地グルメを
自宅でも!

茹でやすく食べやすい9㎝長さの乾麺は、温・冷どちらにも使いやすい。

3入白石温麺（100g×3束）
200円（税込）

はたけなか製麺
電話 0120-049-047
電話 0224-25-0111

宮城県

はらこ飯&豆腐ときのこの田舎汁定食

鮭を煮た汁で炊いたご飯に、秋鮭と味つけしたはらこ（いくら）をのせた郷土料理です。鮭やはらことともに、秋に旬を迎えるきのこをたっぷりと使った汁を一緒に召し上がれ。

706kcal
食塩相当量3.9g

はらこ飯

材料（2人分）

鮭（切り身）…180g（30g×6切れ）
A
　濃口しょうゆ…大さじ1/2強（10cc）
　みりん…小さじ5（30cc）
　料理酒…大さじ2（30cc）
　砂糖…小さじ1（3g）
しょうが…1片
米…1合
いくら…30g
三つ葉…6g
錦糸卵…20g

作り方

①鮭の表面を魚焼きグリルで焼く。
②鍋にAを入れて煮立て、①と千切りにしたしょうがを入れて弱火で10～15分煮る。
③水にひたした米を炊飯器に入れ、②の煮汁小さじ2を加え、米1合の線に合わせて水を入れて炊飯する。
④みりん、砂糖、しょうゆ（いずれも分量外）を1対1対1で合わせて煮詰めてたれをつくる。②の鮭の表面にたれを塗り、魚焼きグリルで照りが出るまで焼く。
⑤丼に③のご飯を盛り、錦糸卵を周りに飾り、中央に④をのせ、いくらを全体に散らし、三つ葉を飾る。

豆腐ときのこの田舎汁

材料（2人分）

だいこん…1.5㎝（40g）
にんじん…1/10本（20g）
えのき茸（半分に切る）…1/4袋弱（20g）
しめじ（ほぐす）…1/4パック弱（20g）
エリンギ（薄切り）…20g
木綿豆腐（さいの目切り）…40g（1/7丁）
鶏こま肉…40g
水…400cc
おろししょうが…少々（0.2g）
A
　和風顆粒だし…小さじ1強（2g）
　料理酒…小さじ2（10cc）
　濃口しょうゆ…小さじ1/2（2.5cc）
　塩…小さじ1/3強（2.5g）
ごま油…小さじ1/4（1g）
長ねぎ…20g
好みでゆず皮…少々（生でも粉末でも）

作り方

①水に鶏肉を入れて火にかけ、沸騰したらアクを取り、しょうがを入れる。
②3㎜厚さのいちょう切りにしただいこんとにんじんを入れて、ひと煮立ちさせてアクを取り、きのこ類と木綿豆腐を入れる。Aを入れて味を調え、最後にごま油で仕上げる。
③やや大きめの椀に盛り、小口切りの長ねぎとゆず皮をのせる。

＊漬物60g（1人分30g）を添える。

岩手県

姫ほたての炊き込みご飯＆ひっつみ汁

603kcal
食塩相当量6.1g

三陸の海は、ほたて養殖が盛ん。やわらかいベビーほたては、庶民の味として親しまれています。もうひとつ、具だくさんの汁の主役は「ひっつみ」。水でこねた小麦粉を指で引っ張ってちぎることからそう呼ばれています。

姫ほたての炊き込みご飯

材料（2人分）

姫ほたて…96g（12個）
A
- 砂糖…大さじ2/3（7g）
- みりん…大さじ1弱（15cc）
- 濃口しょうゆ…大さじ1/2強（10cc）
- 料理酒…小さじ2（10cc）
- 水…40cc

しょうが…1g
米…1合
B
- めんつゆ（10倍濃縮）…大さじ1弱（16cc）
- 料理酒…小さじ2弱（8cc）

錦糸卵…20g
万能ねぎ…6g

作り方

①鍋にAを入れて煮汁をつくり、千切りにしたしょうがを入れる。姫ほたてを入れて落とし蓋をし、弱火で5～6分煮込む。落とし蓋を取り、炊飯用の煮汁10cc（小さじ2）を小皿に取ったら、水分を飛ばすようにして煮詰める。
②水にひたした米を炊飯器に入れ、ほたての煮汁とBを加え、米1合の線まで水を入れて炊く。
③丼に②を盛り、錦糸卵を周りに敷き、①を中央にのせて、小口切りにした万能ねぎを散らす。

ひっつみ汁

材料（2人分）

ひっつみ（市販）…30g（6個）
鶏こま肉…30g
だいこん…2cm（60g）
にんじん…1/10本（20g）
ごぼう…1/7本（20g）
しめじ…20g
刻みしいたけ（乾燥）…1g
水…400cc
ひっつみ付属のつゆ…7.5g
サラダ油…小さじ1/2（2g）
刻み油揚げ…10g
長ねぎ…20g

作り方

①沸騰した湯に鶏肉を入れ、周りが白くなったらザルにあげる。しいたけを水で戻しておく。
②フライパンにサラダ油をひき、3mm厚さのいちょう切りにしただいこんとにんじん、ささがきにしたごぼうを加えて炒める。さらに、ほぐしたしめじ、①を加えて軽く炒め、水を加えてひと煮立ちさせる。アクを取り、付属のつゆを加えて味を調える。最後に、油揚げと小口切りにした長ねぎを加える。
③ひっつみは2分ほど茹でて、流水で軽くしめ、椀に盛っておく。
④③に、②を注ぎ入れる。

＊漬物60g（1人分30g）を添える。

ご当地グルメを自宅でも！

滑らかでモチモチ感のあるひっつみ。鶏ガラベースのしょうゆスープと煮込んで。

南部ひっつみ2食400g
（麺160g×2、スープ40g×2）
346円（税込）

戸田久
電話 0120-30-2551

岩手県

海鮮めかぶオクラ丼

543kcal
食塩相当量3.5g

めかぶとは、わかめの根元の部分。食物繊維やミネラルの宝庫で、とろみもたっぷり。
三陸で3～4月に旬を迎えるめかぶは、地元ではご飯や麺などにかけて愛されています。

海鮮めかぶオクラ丼

材料（2人分）

ぶり（刺身用）…50g
サーモン（刺身用）…50g
長ねぎ…10g
千切りめかぶ（乾燥）…10g
オクラ…8本（80g）
酢…少々

A
　濃口しょうゆ
　　…小さじ1強（7.5cc）
　めんつゆ
　　…小さじ1強（7.5cc）
　薄口しょうゆ
　　…小さじ1弱（5cc）

ご飯…460g（1人前230g）

作り方

①刺身用の魚を、さいの目に切り、みじん切りにした長ねぎと合わせておく。
②乾燥めかぶに約60℃の湯をかけて色を出す。すばやく水に入れて色止めし、そのまま5分ほどつけて戻す。
③オクラを茹でて刻む。
④②に酢を合わせてよく混ぜてとろみを出し、合わせておいたAを加えて味つけする。オクラも加えて合わせておく。
⑤丼にご飯を盛り、④をのせ、真ん中に①をのせる。

豆腐となめこの赤だし

材料（2人分）

絹豆腐（さいの目切り）…20g
なめこ…1/5袋（20g）
A
　水…280cc
　和風顆粒だし…小さじ1/2弱（1g）
赤だしみそ…大さじ1強（20g）
長ねぎ…10g

作り方

鍋にAを入れ、沸騰したらなめこを加えてひと煮立ちさせてみそを溶き、豆腐を入れる。椀に盛り、小口切りにした長ねぎを入れる。

番外編

夜食メニュー

残業で夕飯を食べ損ねたときなど、
夜遅くに何を食べようか迷ってしまいます。
夜の食堂のレシピには
夜食メニューのヒントがたくさんあります。

夜食メニューのポイント

夜遅く帰ってきた人のため、小腹を満たしつつ、低カロリーで胃腸に負担のかからない夜食メニューをご紹介。遅い時間の夕飯や夜食に迷ったら、ぜひ作ってみてください。

ポイント 1

低カロリーの物を食べる
油分の多い高カロリーな食事は、胃にとどまる時間が長くなり、消化に時間がかかってしまう。

ポイント 2

消化のよい物を食べる
とくに香辛料を多く含む食べ物は、胃腸への刺激が大きいので避けよう。

ポイント 3

水分の多い、温かい物を食べる
水分の多い汁物は、満腹感を得やすい。ただし、冷たい物は一気に食べないこと。

どんな食材を選んだらいいの？
炭水化物なら、消化しやすい「うどんや雑炊」がおすすめ。「肉や魚、豆腐」などのたんぱく質は、脂肪になりにくいので夜食メニューに取り入れたい食材です。肉でも、牛肉ならサーロインではなくヒレ、鶏肉ならささみなど、脂肪が少ない部位を選びましょう。カロリーの低い野菜は、やわらかくて食物繊維の少ないものがおすすめです。調理法も、揚げる・炒めるよりは「焼く・煮る・蒸す」がおすすめ。

よく噛んで食べましょう
ゆっくり時間をかけて食べると、脳にある満腹中枢が刺激されて食べすぎを防げます。そのためには、よく噛むことが大事。ひと口食べるごとに箸を置く方法も効果があります。ヘルシーだからといって食べすぎは禁物。腹八分を心がけましょう。

だしを吸ったご飯は胃にやさしく、満腹感も!
消化を助ける梅干しが味のアクセント

梅とささみのあっさり茶漬け

355kcal
食塩相当量4.2g

材料（2人分）

サラダチキン（市販）…80g
梅干し…2個
ご飯…460g
白煎りごま…小さじ2/3（2g）
三つ葉…2g
白だしつゆ（8倍濃縮）…50cc
水…400cc

作り方

①サラダチキンはほぐす。梅干しはタネを取る。三つ葉は食べやすい大きさに切る。
②鍋に白だしつゆと水を入れて煮立たせる。
③器にご飯を盛り、サラダチキンと梅干しをのせ、②を注ぐ。最後に三つ葉とごまを散らし、でき上がり。

食べる温スープ

1日に必要な緑黄色野菜の75%（90g）が1品で手軽に摂れる、温かいポタージュスープ。ご飯でとろみをつけ、腹持ちをよくしています。

風邪の予防や美肌効果のあるビタミンCをたっぷり補給!

みどり

材料（2人分）

ほうれん草（冷凍）…140g
ブロッコリー（冷凍）…40g
牛乳…120cc
A
- チキンコンソメ…小さじ1弱（2g）
- 塩…小さじ1/3（2g）
- 砂糖…小さじ1/2強（2g）
- ご飯…40g
- 豆乳…120cc

マーガリン…4g

作り方

①鍋にほうれん草とブロッコリー、牛乳を入れて弱火で煮る。煮立ってきたら、Aを加えて混ぜながら弱火で煮る。
②粗熱を取り、ミキサーに移し入れる。蓋の上にタオルを置き、少量ずつ回して粉砕する。鍋に戻し入れ、マーガリンを加えて温め直す。

127kcal
食塩相当量1.8g

免疫力を高めるβカロテンが豊富な組み合わせ。体も温めます

きいろ

材料（2人分）

かぼちゃ（冷凍）…120g
にんじん…1/3本（60g）
牛乳…120cc
A
- チキンコンソメ…小さじ1弱（2g）
- 塩…小さじ1/3（2g）
- 砂糖…小さじ1/2強（2g）
- ご飯…40g
- 豆乳…120cc

マーガリン…4g

作り方

①にんじんは１㎝角に切り、軽く水をかけてラップをし、電子レンジで５〜６分加熱する。
②鍋に①とかぼちゃ、牛乳を入れて弱火で煮る。煮立ってきたら、Aを加えて混ぜながら弱火で煮る。
③粗熱を取り、ミキサーに移し入れる。蓋の上にタオルを置き、少量ずつ回して粉砕する。鍋に戻し入れ、マーガリンを加えて温め直す。

160kcal
食塩相当量1.6g

ワンポイントメモ　熱い状態でミキサーにかけるとふき出すので、注意して。

糖質オフのうどんでカロリーダウン。
山芋の粘り成分が胃粘膜を保護し、消化も助けます

とろろ山菜うどん

材料（2人分）

山芋…100g
だし汁…20cc（あれば）
カロリーコントロールうどん
…2玉（200g）
山菜（水煮）…40g
赤かまぼこ…2切れ
A
めんつゆ（10倍濃縮）
…大さじ3と1/2（60cc）
水…600cc
みりん…小さじ2（18cc）
料理酒…小さじ2（10cc）
好みで長ねぎや青海苔など…適量

作り方

①山芋をすり、あればだし汁を合わせて風味をつける。
②うどんを表示時間通りに茹でる。
③鍋にAを入れて煮立て、つゆをつくる。
④器にうどんを盛り、③をかけ、①、かまぼこ、山菜をのせ、長ねぎなどを飾る。

332kcal
食塩相当量6.9g

麺の代わりに春雨を使って、カロリーを約半分に。
消化のよい具材を煮込み、ボリューム満点です

シーフードと野菜の具だくさんスープ春雨

材料（2人分）

白菜またはキャベツ…1枚（80g）
イカ…30g
姫ホタテ…6個
むきエビ…6個
豚肉（こま切れ）…30g
緑豆春雨（乾燥）…80g
きくらげ（乾燥）…4～6枚（1g）
ちんげん菜…60g
卵…1個
しょうが（みじん切り）…1/2片（6g）
にんにく（みじん切り）…1/2片（4g）
鶏がらスープ…800cc
料理酒…大さじ2（30cc）
塩…小さじ1/3（2g）
サラダ油…適量
ごま油…小さじ2（8g）

作り方

①白菜（またはキャベツ）、イカ、豚肉は短冊切り、ちんげん菜は4cm長さに切る。
②春雨は熱湯に浸し、戻す。きくらげはぬるま湯で戻して食べやすい大きさに切る。卵は茹でて殻をむく。
③鍋に湯を沸かし、イカ、ホタテ、むきエビを入れて30秒加熱し、ザルにあげる。
④鍋にサラダ油をひき、しょうがとにんにくを入れて弱火で炒める。香りが出たら、豚肉を炒め、色が変わったら白菜、ちんげん菜、きくらげを入れて、軽く炒める。
⑤鶏がらスープ、酒、塩を入れて、春雨を加える。沸騰してきたら、③を入れてアクを取りながら煮る。春雨に味が染みたらごま油を加える。皿に盛り、半分に切った茹で卵をのせる。

466kcal
食塩相当量3.4g

メニュー別さくいん

本書で登場するレシピをカテゴリー別に分け、50音順に並べました。
もう一品ほしい、冷蔵庫の食材を使い切りたいなど、毎日の献立作りに活用してください。

主菜

副菜

汁物

はたらく人の元気レシピ
DNP大日本印刷の社員食堂

Staff
カバーデザイン｜Malpu Design（清水良洋）
本文デザイン・DTP｜Malpu Design（佐野佳子）
撮影｜本浪隆弘
スタイリスト｜中村和子
構成・文｜山本裕美
料理制作｜DNPファシリティサービス

2020年3月20日　初版発行

著　者　大日本印刷株式会社
発行者　南 晋三
発行所　株式会社潮出版社
〒102 - 8110
東京都千代田区一番町6　一番町SQUARE
電話　03-3230-0781（編集）
03-3230-0741（営業）
振替口座　00150-5-61090

印刷・製本　大日本印刷株式会社

ISBN 978-4-267-02220-3　C2077